Der Buddha des Mitgefühls

Der Buddha des Mitgefühls

Lama Thubten Yeshe

Erklärungen zur Meditationspraxis von Chenrezig

Ein Kommentar zur Guruyoga-Praxis
„Die Untrennbarkeit des Gurus von Chenrezig:
Eine Quelle aller kraftvollen Verwirklichungen“,
verfasst von Seiner Heiligkeit dem Dalai Lama
im Alter von neunzehn Jahren

Herausgeberin:
Robina Courtin

Diamant Verlag München

ISBN 3-9807574-4-2
1. Auflage 2003

Titel der Originalausgabe: Tantric Mahamudra for Everyday Life
Erscheint bei: Wisdom Publications, Boston

Bibliografische Information Der Deutschen Bibliothek
Die Deutsche Bibliothek verzeichnet diese Publikation in der Deutschen Nationalbibliografie; detaillierte bibliografische Daten sind im Internet über *http://dnb.ddb.de* abrufbar.

Übersetzung: Claudia Wellnitz
Lektorat: Traudel Reiß
Umschlag: Chenrezig-Thanka mit freundlicher Genehmigung von Dharmaware Inc. Woodstock NY USA
www.dharmaware.com

Satz/Layout: Typoplus, Frangart
Druck, Buchbindung: Druckerei Steinmeier, Nördlingen

Inhaltsverzeichnis

Vorwort der Herausgeberin 7

Einführung:

Mahamudra: Die absolute Wirklichkeit 11

Erster Teil: Die Lehren des Buddha 25

1. Sutra: Verblendungen ablehnen 27
2. Tantra: Verblendungen umwandeln 32

Zweiter Teil: Guruyoga 53

3. Wir brauchen jemanden, der uns den Weg zeigt . . . 55
4. Mitgefühl: Das Herz des Weges 61
5. Guru Chenrezig visualisieren 70
6. Gaben und Bittgebete darbringen 86
7. Mit Guru Chenrezig verschmelzen 103

Dritter Teil: Mahamudra 107

8. Zur Mahamudra-Gottheit werden 109
9. Das Tiefe und das Klare 120
10. Klarheit und göttlicher Stolz 125
11. Alle Erscheinungen in Chenrezig verwandeln . . . 131
12. Sprachliche und geistige Rezitation 139
13. Dem Negativen die Tür verschließen 144

14. Die beiden Hindernisse bei der Entwicklung von Sammlung 151
15. Verblendungen können uns die Wirklichkeit zeigen 157

Vierter Teil: Mahamudra im Alltag 165
16. Verwirklichungen erlangen 167
17. Eure Weisheit ist euer Guru 174
18. Jeden Augenblick zur Meditation werden lassen . . 179

Anhang: Die Untrennbarkeit des Gurus von Chenrezig . . 189
Anmerkungen 211
Glossar 216

Vorwort der Herausgeberin

Lama Thubten Yeshe gab diese Unterweisungen im Juli des Jahres 1976 am *Chenrezig Institute* im tropischen Queensland, Australien. *Chenrezig Institute,* das sich auf einem 160 Morgen großen Grundstück im Landesinneren auf der Höhe der *Sunshine Coast,* 100 Kilometer nördlich der Stadt Brisbane befindet, war Lama Yeshes erstes Dharma-Zentrum im Westen. Am Ende des ersten Kurses, den Lama Yeshe im September 1974 in Australien abgehalten hatte, schenkten einige seiner Schüler ihm dieses Land, und das Zentrum wurde in den folgenden Jahren erbaut.

Siebzig Leute hörten den Unterweisungen zu und nahmen an der Klausur teil, die auch noch nach den Unterweisungen fortgeführt wurde. Vor dieser Veranstaltung hatte Lama Thubten Zopa Rinpoche einen einmonatigen Kurs über den Stufenweg zur Erleuchtung *(lamrim)* gegeben – der Tradition zufolge eine Vorbedingung, wenn man tantrische Lehren hören will.

Bei den hier wiedergegebenen Unterweisungen handelt es sich um den zweiten tantrischen Kommentar, den Lama Yeshe seinen Schülern gab; den ersten, der die Vajrasattva-Praxis behandelte, hatte er zwei Jahre zuvor im Kloster Kopan in Nepal gegeben. Die Unterweisungen stellen einen Kommentar zu einer kurzen Übung dar, die Seine Heiligkeit der Dalai Lama auf wiederholte Bitten eines Schülers hin mit 19 Jahren verfasste und die den Titel „Die Untrennbarkeit des Gurus von Chenrezig"[1]) trägt. Es handelt sich um eine Guruyoga-Praxis, in der der visualisierte Buddha das Aussehen des eigenen Lama in seiner gewöhnlichen Form annimmt – in diesem Fall von Seiner Heiligkeit dem Dalai Lama. Die Übung gehört der ersten der vier Ebenen tantrischer Praxis an, dem so genannten Kriya- oder Handlungs-Tantra.

Gemäß den tantrischen Lehren, bei denen es sich um die fortgeschrittensten Unterweisungen des Buddha handelt, ist das Guruyoga unerlässlich für die Entwicklung spiritueller Qualitäten; und die Kernbedeutung dieses Yoga kommt hervorragend im Titel der Schrift Seiner Heiligkeit zum Ausdruck: Guru und Buddha müssen als eins gesehen werden. Auch Pabongka Rinpoche sagt in seiner Schrift *Befreiung in unseren Händen:* „Wenn der Guru nicht Buddha ist, wer ist dann Buddha?" Lama Yeshe drückt es im 3. Kapitel so aus: „Durch die Guruyoga-Praxis lernen wir zu verstehen, dass der Guru in Wirklichkeit untrennbar von der Weisheit und dem Mitgefühl von Chenrezig ist. Danach beginnen wir zu begreifen, dass auch wir selbst untrennbar von diesen Qualitäten seid."

Traditionellerweise gibt der Lama, der eine tantrische Einweihung gewährt, als Vorbereitung Unterweisungen über den Stufenweg, den Lamrim. (Interessierte Leser finden diese Lehren in anderen Publikationen des Diamant Verlags. *Anm. d. Übersetzerin*) In der Einführung dieses Buches wird das Konzept von *Mahamudra* vorgestellt, welches den Kern des folgenden Kommentars über das Guruyoga von Chenrezig bildet.

Im ersten Teil „Die Lehren des Buddha" beschreibt Lama Yeshe die unterschiedlichen Herangehensweisen im Sutra und Tantra. Im zweiten Teil mit der Überschrift „Guruyoga" gibt er einen kurzen Kommentar zu jedem Vers des Grundtextes. Im dritten Teil mit der Überschrift „Mahamudra" zeigt er den Übenden verschiedene Meditationmethoden (zehn davon sind speziell hervorgehoben): wie man eins mit dem Guru-Buddha wird, wie man sich selbst als Mitfühlenden Buddha sieht, wie man das Mantra rezitiert und dergleichen. Diese Methoden hängen allesamt von Mahamudra, der Leerheit des eigenen Geistes, ab. Im vierten Teil „Mahamudra im Alltag" erklärt Lama Yeshe, wie wir lernen, unserer eigenen Weisheit zu trauen und die Lehren des Buddha in jede Minute unseres Lebens zu bringen.

Die tantrische Meditation beruht auf einer ausgefeilten Psychologie: wunderbare und radikale Methoden, mit denen sich das außergewöhnliche Potential für Klarheit, Freude, Mitgefühl und die anderen positiven Eigenschaften, die uns dem Buddha zufolge innewohnen, rasch vollenden lässt. Man kann Tantra jedoch leicht missverstehen – und es mystifizieren. Lama Yeshe hat die überragende Fähigkeit, Tantra scheinbar mühelos auf die Erde zu bringen, ohne irgendetwas daran zu verwässern; er lässt es für uns zu einer Wirklichkeit werden und zeigt, wie wir es in unseren Alltag bringen können. Sollten wir unsere spirituelle Übung als eine abgehobene Sache betrachten, so zeigt uns Lama Yeshe, dass wir vollkommen in die Irre gehen.

Lama Yeshe widmete den größten Teil seines kurzen Lebens – er verstarb 1984 im Alter von 49 Jahren – der Unterweisung seiner Schüler, die vor allem aus westlichen Ländern kamen. Er hatte die ersten von ihnen Mitte der Sechziger Jahre getroffen. In den folgenden Jahren, nachdem er auf dem Kopan-Hügel, in der Nähe von Kathmandu, Nepal, ein Kloster errichtet hatte, zog es Tausende zu seinen Kursen, dort oder in den anderen Zentren, die seine Schüler überall in der Welt errichtet hatten.

Lama Yeshe und seine Qualitäten waren wirklich außergewöhnlich. Er lebte wie ein einfacher Mönch, war aber – Lama Zopa, seinem Hauptschüler, zufolge – in Wirklichkeit ein „großer geheimer Yogi". Er war hervorragend in der Lage, anderen des Buddhas differenzierte Sicht der menschlichen Erfahrung zu vermitteln. Seine Art sich auszudrücken hatte etwas ungemein Überzeugendes – wenn Lama Yeshe sprach, rückte die Erleuchtung in greifbare Nähe.

Danksagungen

Diese Unterweisungen wurden auf Lama Yeshes Bitten zuerst 1977 von Adele Hulse redigiert. Bei der Erstellung der vorliegenden Version wurde nochmals von vorne begonnen; die Herausgeberin dankt dem *Lama Yeshe Wisdom Archive* und dem Kloster *Kopan* für deren Unterstützung. Ein Dankeschön an Nick Ribush vom *Archive,* der das Manuskript gründlich durchsah und viele Punkte erläuterte, an Anjani O'Conell für ihre guten Vorschläge und an Tim McNeill, David Kittelstrom, Frank Allen und Rod Meade-Sperry von *Wisdom Publications* für ihren Enthusiamus.

Robina Courtin

Einführung

Mahamudra: Die absolute Wirklichkeit

Das absolute Siegel

Mahamudra ist eine der essenziellsten Unterweisungen des Buddha über die Weisheit, die die Leerheit versteht. Buddha erklärte dieses Thema auf zwei verschiedene Arten: zum einen im Einklang mit dem Paramitayana (siehe 1.Kapitel) und zum anderen im Einklang mit dem Vajrayana (siehe 2.Kapitel). *Maha* bedeutet „groß"; *mudra* bedeutet „Siegel". *Mahamudra* bedeutet „absolutes Siegel", „Ganzheit", „Unveränderlichkeit". Wenn man etwas besiegelt, so macht man es damit unzerstörbar. Mahamudra wurde von niemandem erfunden, daher kann es nicht zerstört werden. Es ist die absolute Realität.

Unter philosophischen Gesichtspunkten gibt es viele verschiedene Arten, Mahamudra logisch zu analysieren und zu erklären. An dieser Stelle versuchen wir jedoch nicht, die verschiedenen philosophischen Ansätze zu verstehen oder ein rein intellektuelles Verständnis von Mahamudra zu erwerben – wir versuchen, es direkt zu erfahren.

Manchmal interessiert sich unser Geist nur für Fantasien. Es ist so, als würden wir mit leeren Taschen in den Supermarkt gehen und dort nur unsere Kommentare abgeben „Das ist wunderbar; das ist gut; das ist gesund; das schmeckt gut." Am Ende stehen wir immer noch mit leeren Taschen da. Ich habe von westlichen Gelehrten des Buddhismus gehört, die ausführlich über die Philosophie von Mahamudra, Shunyata und so weiter sprechen können; ich würde sie gerne fragen: „Ihr redet über diese Dinge, meditiert ihr auch?"

Die intellektuelle Welt und der praktische, auf Erfahrung beruhende Lernprozess sind so unterschiedlich wie ein Supermarkt und der Mount Everest. Betrachtet man Mahamudra nur auf der Ebene des Intellekts, so berührt es einen nicht, es hat nichts mit einem persönlich zu tun. Selbst wenn man ein ganzes Buch über Mahamudra schreibt, so kann das weder die eigenen Probleme lösen noch falsche Vorstellungen ausmerzen.

Macht euch keine Sorgen, hier werde ich nicht allzu intellektuell über Mahamudra sprechen. Ich werde es leicht verständlich halten.

Mahamudra umfasst alle Phänomene

Mahamudra ist, dem Buddha zufolge, die ungeborene, unveränderliche Natur, die in allen Phänomenen existiert. Es ist nicht so, dass Mahamudra etwas Besonderes wäre, das nur an heiligen Orten vorkommt, im Müsli aber nicht. Mahamudra existiert in allen Phänomenen – ohne jede Diskriminierung. Seine Natur ist Wirklichkeits-Natur.

Daher sagte Buddha: *chö nam kun gyi rang zhin chag gya chen:* die absolute Natur aller Phänomene ist das große Siegel. Diese Mahamudra-Natur umfasst alle Phänomene in Samsara und Nirwana.

Die absolute Natur und die absolute Einheit sind nicht nur irgendeine Philosophie, die sich Buddha oder Nagarjuna ausgedacht haben; niemand kann die absolute Natur der Wirklichkeit erfinden. Doch obwohl Mahamudra die Natur aller Phänomene dieses Universums ist, erkennen wir es nicht; unser halluzinierender, begrifflicher Geist verhindert es. Statt die Ganzheit zu sehen, verfangen wir uns in den relativen Aspekten der Wirklichkeit. Wir haben eine fanatische, dualistische Sicht der Existenzweise der Dinge.

Deshalb erscheint unserem Geist diese konkrete Projektion, die Vorstellung von einem festen Ich, das noch dazu vollkommen unabhängig ist. Wir mögen vielleicht intellektuell über Mahamudra Bescheid wissen, doch im Grunde wissen wir gar nichts. Wir erkennen nicht die abhängige Natur der Phänomene.

Prüft die Ego-Sicht des Ich, beispielsweise wenn ihr Hunger habt. Euer Hunger hängt von vielen Phänomenen ab: Da ist die Küche ... das Essen ... euer Körper und Geist ... alle diese Dinge hängen voneinander ab. Wenn ihr erkennt, dass euer hungriges Ich völlig abhängig ist, versetzt euch das in die Lage, euren Hunger zu kontrollieren und – nachdem ihr gegessen habt – noch tiefere Erkenntnisse zu erlangen.

Wenn ein Teil eines zusammengesetzten Dinges verschwindet, dann verschwindet auch das zusammengesetzte Ding. Ein Beispiel ist unsere Gruppe hier, die aus siebzig Menschen besteht. Wenn nun eine Person verschwindet, ist auch die Gruppe von siebzig Leuten verschwunden – diese Gruppe existiert dann nicht mehr. Stimmt ihr mir zu? Es ist ganz einfach und logisch. Wenn ihr eine von hundert Butterlampen entfernt, dann existiert die Ansammlung von hundert ebenfalls nicht mehr, denn sie war schließlich aus jedem einzelnen Bestandteil zusammengesetzt.

Man könnte es auch so betrachten: Wenn ihr beim Frühstück euer Müsli esst und euer Magen sich allmählich füllt, denkt ihr: „Oh, das hungrige Ich fühlt sich jetzt besser." Auch das ist eine falsche Vorstellung. Ihr haltet weiterhin an dem hungrigen Ich von vorher fest, obwohl es schon verschwunden ist. Vielleicht fällt es euch schwer, das zu verstehen. Es ist nicht verwunderlich, dass viele buddhistische Professoren Nagarjunas Sicht falsch interpretieren und sie für nihilistisch halten. Sie denken, er würde alles zerstören.

Überprüft es einmal selbst: Das „Ich" von heute morgen ist schon verschwunden, aber ihr haltet es auch heute Abend noch für existent. Ihr denkt auch, euer Baby-Ich existiere heute noch. Doch selbst nach einer Sekunde ist das jetzige Ich bereits vergangen. Alles – ihr selbst, eure Sinneswahrnehmungen, alle Objekte eurer Sinne und alles andere – hat die Natur der Vergänglichkeit. Man kann tatsächlich sagen, dass alles verschwindet.

Das idealistische Ego denkt beispielsweise: „Ich habe diesen Tempel gebaut." Doch das Ich, das diesen Tempel baute, ist schon verschwunden. Der Tempel, das Erbauen des Tempels und die Person, die ihn gebaut hat, sowie die Beziehung dieser Dinge zueinander sind allesamt verschwunden.

Noch ein Beispiel: Es wird dunkel, ihr seht einen aufgerollten Gartenschlauch und denkt, es sei eine Schlange. Plötzlich bekommt ihr Angst: „Hilfe!" Das veranschaulicht den Sachverhalt gut. Aufgrund der Bedingungen – Dunkelheit und ein aufgerollter Gartenschlauch – kommt ihr auf die Idee, da sei eine Schlange. Das Zusammenkommen verschiedener Faktoren führt zu einer falschen Vorstellung, und ihr bekommt Angst: Vielleicht fürchtet ihr euch sogar noch mehr, als wenn ihr eine echte Schlange in einiger Entfernung gesehen hättet. Diesmal erscheint euch dieses Trugbild, weil der Gegenstand so nahe ist.

Dieses Beispiel zeigt deutlich, wie wir halluzinieren. Die Schlange existiert überhaupt nicht, doch euer Geist malt euch ein Bild, erschafft eine Fantasie, erfindet sie einfach. Aber all das basiert auf Beziehungen gegenseitiger Abhängigkeit zwischen der Umgebung, dem Objekt und vielen anderen Dingen.

Genauso verhält es sich mit dem hungrigen Ich, dem konkreten Ich: Wie die Schlange ist es eine Projektion unseres Ego. Obwohl das Ich in Wirklichkeit nicht innerhalb eurer fünf Aggregate existiert, erscheint es so, als täte es das. Es scheint auf konkrete Weise zu existieren. Das hungrige Ich scheint irgendwo in euren Sinnesorganen zu existieren, es erscheint euren Sinneswahrnehmungen und eurem begrifflichen Verstand auf genau die gleiche Weise wie das Trugbild oder die Projektion der Schlange.

Wenn wir mit durchdringender Weisheit und Achtsamkeit die Situation prüfen, so lässt sich auf nichts deuten, von dem wir sagen könnten: „Das ist die Schlange." Sie ist nicht zu finden. Es ist ein Ding der Unmöglichkeit. Das Gleiche gilt für das Ich, die Vorstellung eines konkreten, selbst-existenten Ich, die ein Trugbild ist.

Prüfen wir mit durchdringender Weisheit, können wir das Ich nirgendwo in unserem Körper finden – nicht in unserem Herzen, nicht im Hirn, im Bein, in der Hand und auch sonst nirgendwo.

Vor dem Tempel liegen ein paar Baumstämme. Suchen wir dort mit durchdringender Weisheit nach einer Person, beispielsweise nach Tom, so lässt er sich nicht innerhalb der Energie des Holzes finden. Genau das Gleiche geschieht, wenn wir innerhalb der Energie von Toms fünf Aggregaten, in seinem Körper und Geist, nach Tom suchen. Ganz gleich, wie sehr wir vom Scheitel bis zur Sohle und von der Sohle bis zum Scheitel suchen, wir können niemals sagen: „Das ist Tom, er ist hier." „Tom" lässt sich so nicht finden.

Ihr denkt immer, ihr wäret etwas. Lediglich ein Name zu sein, ist euch nicht genug. Ihr sucht eine Wirklichkeit, eine Identität, jenseits des Namens. Aber in der Tat ist es so, dass außer dem Namen „Tom" nichts existiert.

Noch ein Beispiel: Bevor ihr einem Kind einen Namen – beispielsweise „Peter" – gebt, denkt ihr nicht: „Da ist Peter", wenn ihr den Körper des Kindes seht. Habt ihr ihn aber erst einmal so genannt, so entsteht der Gedanke „Peter" ganz automatisch, sobald ihr seinen Körper wahrnehmt. Ihr erinnert euch nicht mehr, dass ihr ihm diesen Namen gegeben habt; ihr denkt „Peter" komme von der Seite der Person, von da draußen. Demzufolge gibt es ein konkretes Objekt und konkrete Anhaftung.

Das Gleiche geschieht, wenn euch eine Situation stört. Ihr denkt: „Das ist schlecht." Eigentlich macht ihr die Situation schlecht; ihr erfindet das, indem ihr die Situation „schlecht" nennt. Auch hier existiert nichts auf konkrete Weise. Ihr bezeichnet die Situation als schlecht, in der gleichen Weise, wie ihr das Baby als Peter bezeichnet.

Unsere Beurteilungen sind allesamt ausgesprochen ungenau. Wir sehen die Dinge so, als hätten sie eine sehr grobe Natur; wir sehen sie nie in ihrer Natur der Ganzheit. Wir müssen also meditieren, um die Natur der Ganzheit aller Phänomene zu erforschen.

Die Baumstämme unterscheiden sich nicht grundsätzlich von Toms Aggregaten. Natürlich besteht eine Beziehung gegenseitiger Abhängigkeit zwischen Tom und seinen Aggregaten, die zwischen ihm und dem Holz nicht besteht. Aber letztendlich sind sowohl „Tom" als auch „Holz" bloße Bezeichnungen.

Da ist nur ein Name

Andere Religionen, beispielsweise der Hinduismus und das Christentum, sprechen von einer Seele, einer Art beständiger Wesenheit, die alles Gute der Menschen besitzt. Dem Buddhismus zufolge kann aus philosophischer Sicht solch eine solide, konkrete Wesenheit gar nicht existieren. Es gibt keine konkrete Seele. Keine solche unveränderliche, unabhängige Wesenheit existiert innerhalb des Menschen, sie existiert nicht einmal auf der relativen Ebene. Zu einem bestimmten Zeitpunkt innerhalb der Geschichte dieser Erde dachten die Menschen, es müsse eine konkrete, solide Wesenheit, etwas Selbst-Existentes geben, damit es so etwas wie einen Menschen geben kann. Die entsprechende Philosophie entstand, damit man etwas vorzeigen kann: „Das ist ein Mensch."

Als Nagarjuna kam und solche Vorstellungen zunichte machte, dachten die Leute, er sei nihilistisch. „Oh, komme ihm nicht zu nahe, er wird dich zu einem Nihilisten machen." Selbst viele buddhistische Traditionen haben heute noch Schwierigkeiten, Nagarjunas Sicht zu akzeptieren.

Es ist aber doch einleuchtend: Es gibt viele voneinander abhängige Teile, ihr gebt diesem zusammengesetzten Ding einen Namen und dadurch werden die Teile zu dem Objekt. Nagarjuna würde sagen, dass es sich bei allem, was existiert, gleich verhält: Da ist einfach nur der Name. Es gibt kein Glück; es gibt kein Unglück. Wenn ihr wirklich strikt untersucht, die Situation, das Objekt, ganz genau ergründet, dann könnt ihr ihm zufolge nichts finden.

Betrachtet zum Beispiel einmal Schmerzen in eurem Körper. Sucht ihr mit durchdringender Weisheit in dem Körperteil, in dem die schmerzhafte Energie steckt, nach dem Schmerz, dann verschwindet er manchmal. Ich bin sicher, ihr kennt diese Erfahrung. Auch wenn ihr euch nur vorstellt: „Mein Knie fühlt sich glückselig an", könnt ihr manchmal schon Glückseligkeit spüren. Prüft es selbst. Gut und Schlecht entstehen aus den Vorstellungen. In Wirklichkeit gibt es so etwas nicht.

Alle diese Beispiele zeigen, wie lächerlich wir sind. Alles ist bloßer Name. Je mehr Täuschungen wir produzieren, desto mehr Namen schaffen wir. Und da es im Westen mehr Täuschungen gibt, gibt es auch mehr Namen, mehr Dinge und mehr Gutes im Supermarkt!

Eine Fata Morgana ist ebenfalls ein gutes Beispiel. Ich selbst habe manchmal die Erfahrung gemacht, dass ein sehr konkretes Bild von ruhigem, kalten Wasser in meinem Geist entstand, wenn ich sehr durstig war und eine Luftspiegelung sah. Da wird deutlich, dass es sich um ein vollkommen abhängiges Phänomen handelt: Ein Zusammenspiel der Schwingungen von Sonne und Sand erschafft diese Art von Energie, eine Luftspiegelung. Wenn wir sie dann betrachten, erscheint es so, als sei da Wasser – plötzlich erscheint eurem Geist klares, sauberes Wasser.

Das veranschaulicht, in welcher Weise den Dingen eine feste Existenz fehlt. Eine Luftspiegelung scheint auf solide Weise zu existieren, nicht wahr? Aber wenn ihr sie prüft, so ist da bloß das Zusammenspiel verschiedener Bedingungen, ein abhängiges Phänomen, das sich andauernd verändert. Tatsächlich verhält es sich mit allem anderen in dieser Welt genauso.

Phänomene existieren – in Abhängigkeit

Trotzdem existieren die verschiedenen Phänomene. Wenn wir beschreiben, wie die Dinge bloße Namen sind, so heißt das nicht, dass wir nihilistisch sind und die Phänomene zerstören. Wir sagen keineswegs, dass es keine Phänomene gebe. Wenn ihr über die rechte Sicht nachdenkt, verschwindet automatisch die Halluzination oder Fantasie eines selbst-existenten Objekts, an die euer konzeptueller Geist glaubt. Geschieht das, so hat eure Weisheit das erfahren, was wir die rechte Sicht nennen: Leerheit oder *Shunyata*.

Am Anfang eurer Kontemplation der rechten Sicht solltet ihr euren Verstand benutzen, um zu prüfen, wie die Phänomene voneinander abhängig sind, wie sie in Abhängigkeit von verschiedenen Dingen entstehen. Stellt sich dann eine Erfahrung ein, so solltet ihr den Verstand ruhen lassen. Lasst los! Wenn diese Weisheit entsteht, so ist das eine sehr intensive Erfahrung.

Normalerweise erscheint uns die Welt als etwas Konkretes. Wenn wir beispielsweise nach Sydney gehen und all die fantastischen Gebäude sehen, wirkt alles so konkret, so solide. Doch wenn ihr die Leerheit erfahrt, die wahre Sicht, so wird die ganze Welt quasi zu einem Nichts, so klein. Natürlich ist sie nicht klein, aber weil ihr nun die schweren Schwingungen unter Kontrolle gebracht habt, die all diese Fantasien hervorbringen, so erscheint sie wie ein Nichts.

In seinen philosophischen Schriften erklärte Nagarjuna diese Wirklichkeit. Damit wir die Wirklichkeit nicht völlig zerstören und nicht zu dem Schluss kommen, dass gar nichts existiert, legte er dabei großen Wert darauf darzustellen, in welcher Weise die Phänomene existieren. Alles ist zwar nur ein Name, existiert aber doch als abhängiges Phänomen. Wer das richtig versteht, versteht auch, dass Nagarjuna kein Nihilist war.

Der tibetische Begriff für gegenseitige Abhängigkeit ist *tendrel*. Jedes Mal, wenn uns etwas erscheint oder eine Situation entsteht, definieren wir: „Das ist das, dieses ist jenes." Aber sobald wir es gesagt haben, hat sich alles schon wieder verändert.

So viel Angst

Wir können also erkennen: Verblendung entsteht, sobald unsere Sinneswahrnehmungen Kontakt mit einem Objekt aufnehmen. Voneinander abhängige Phänomene treffen aufeinander und plötzlich entsteht Verblendung – wie wir in der Situation, in der ein Kontakt zwischen unserem Geist und dem Seil entsteht, „Schlange" denken und uns sehr ängstlich und emotional aufgewühlt fühlen. Tatsächlich ist es eine Fantasie, eine Projektion unseres Geistes. In gleicher Weise sind alle Phänomene in diesem Universum Projektionen unseres Geistes, Fantasien, die unser Geist projiziert.

Unser Ego, das in seiner eigenen Vorstellungswelt lebt, hat aber das Gefühl, es gäbe noch mehr als das, was vom Geist produziert wurde. Bei näherer Überprüfung des Objekts – etwa der Schlange – verschwindet dieses Trugbild jedoch. Erkennt man etwas als bloße geistige Projektion, verschwinden die Ängste automatisch.

Es ist sehr interessant, dass die Phänomene, die so real auf uns wirken, ein bloßes Zusammenspiel voneinander abhängiger Dinge sind; sie sind allesamt produziert. Verschwindet einer der Faktoren, verschwindet damit das Ganze. Doch solange wir Mahamudra – die allumfassende Einheit, die Wirklichkeit – noch nicht entdeckt haben, ist alles, was wir mit unseren Sinneswahrnehmungen oder auch in unseren Träumen erfahren, eine Halluzination. Wir haben immer das Gefühl, die Objekte seien selbstexistent, seien nicht von geistiger Projektion abhängig; aber in der Welt der Sinne ist alles nur eine halluzinierte Blase. Die Phänomene kommen aus dem Nichts, aus der Formlosigkeit und ihre Natur ist so, dass sie wieder in das Nichts, in die Leerheit, in die Formlosigkeit hinein verschwinden. Und doch glauben wir fühlenden Wesen an eine konkrete Welt, angefüllt mit konkreten selbstexistenten Phänomenen.

Wir fühlen uns unsicher, wir haben viele Ängste. Das kommt von unserem mangelnden Verständnis. Das ist die so genannte Unwissenheit, die uns nicht erlaubt, die richtige Sicht, die Wirklichkeit zu erkennen. Die Leute sagen immer: „Ich glaube an nichts." Im Westen ist das recht verbreitet. Sie denken, nur religiöse Leute seien „Gläubige". Habt ihr aber die halluzinierte Vision einer Schlange und erschreckt, dann zeigt das doch ganz logisch nachvollziehbar auf, dass ihr an etwas glaubt. Vom Intellekt her mögt ihr dann wohl sagen: „Ich glaube an nichts", aber ihr habt schließlich *geglaubt,* der Schlauch sei die Schlange! Hättet ihr nicht daran geglaubt, wäret ihr auch nicht erschrocken. Wäret ihr ein wirklicher Ungläubiger, warum sollte dann Furcht beim Anblick der Schlangen-Fantasie entstehen?

Das Beispiel zeigt, dass ihr sehr gläubig seid. Solange ihr Täuschungen habt, glaubt ihr auch. Glaube ist nicht nur etwas Intellektuelles. Jede unserer falschen Vorstellungen wird von verschiedenen Geistesfaktoren begleitet: Empfindung, Unterscheidung, Erkennen und so weiter. Diese Faktoren sind automatisch da und beobachten. Solange wir also unter falschen Vorstellungen, Halluzinationen leiden, gibt es auch immer Empfindungen.

Man fragt mich: „Wie kann ich am besten meine Angst überwinden?" Die beiden wirkungsvollsten Haltungen sind Bodhichitta und die rechte Sicht. Mit Bodhichitta sorgt man sich mehr um das Wohl der anderen fühlenden Wesen als um sein eigenes. Das vermindert Angst. Die rechte Sicht, die Weisheit, schneidet jede Art von Angst durch. Angst kommt vom unklaren Geist, der sich in Fantasien verliert; er spekuliert und produziert alle möglichen Täuschungen. Das ist die eigentliche Natur der Angst.

Das Gleiche geschieht, wenn ihr euch Sorgen macht, oder an etwas denkt, was ihr nicht habt. Auch hier fehlt euch die rechte Sicht. Statt euch Sorgen zu machen, solltet ihr versuchen, besser zu verstehen und zugleich zu handeln. So bekommt ihr, was ihr wollt. Zur Zeit gehen unsere Taten nicht in die richtige Richtung und wir machen uns stattdessen viel zu viele Sorgen. Wir geben uns allen möglichen Spekulationen hin – es ist, als würden wir ständig träumen. Ein tibetisches Sprichwort sagt: „Wenn wir etwas ändern können, anstatt uns zu sorgen, dann sollten wir es ändern. Wenn wir es nicht ändern können, warum sollen wir uns dann sorgen?"

Die rechte Sicht der Weisheit ist glückselig. Das lässt sich leicht verstehen: Weisheit ist von der Natur der Glückseligkeit, weil sie automatisch Aufregung, Angst und Sorgen vertreibt. Seid ihr von diesen Emotionen befreit, so fühlt ihr euch ganz von selbst voller Freude. Entspricht das eurer Erfahrung? Die Leerheit ist immer da – ihr müsst sie nur erkennen.

Ihr wünscht euch immer ein glückliches Leben. Das glückliche Leben ist dauernd da – ihr braucht es nur zu erkennen. Die fühlenden Wesen sind unmöglich: Sie wollen ständig irgendetwas, aber suchen es nirgendwo. Wird einem das erst einmal klar, so lacht man nur, statt sich Sorgen zu machen. Hoch oben in den Bergen lachte der große tibetische Yogi Milarepa über die Welt. Das Lachen überkam ihn einfach, weil er die Wirklichkeit sah, wie sie ist. Wenn ihr die Wirklichkeit seht, werdet auch ihr immer nur lachen. Aber solange ihr alles als etwas Konkretes seht, wird es zu schwer – dann gibt es nichts mehr zum Lachen. Mit Weisheit könnt ihr die ganze Welt kontrollieren.

Seht ihr euer eigenes Antlitz im Spiegel, dann fühlt ihr euch leicht. Ihr seht euer Abbild, aber wisst gleichzeitig instinktiv, dass ihr es nicht wirklich seid. Das ist ein gutes Beispiel. Alle existierenden Phänomene, die Objekte der Welt der Sinne, sind wie ein Abbild im Spiegel. Versteht ihr einmal die rechte Sicht, die Wirklichkeit, so werden alle relativen Phänomene irgendwie leichter für euch. Vielleicht seht ihr das, vielleicht auch nicht. Stellen wir uns einmal vor, es gäbe eine sehr leckere Schokolade und jemand frage: „Siehst du die Schokolade?“, dann könnte die Person mit der rechten Sicht, die die Wirklichkeit der Schokolade versteht, sowohl ja als auch nein sagen. Warum würde sie ja sagen? Weil die Schokolade aus relativer Sicht da ist. Warum würde sie nein sagen? Weil sie keine konkrete Selbstexistenz besitzt.

Hat man dieses schwere Gefühl, so erscheint die Schokolade riesig; erkennt man jedoch die Wirklichkeit, dann ist es so, als würdet ihr durch die Energie der Schokolade hindurchschauen, als würdet ihr durch einen Schleier schauen. Sie ist nicht zu schwer, denn ihr habt keine konkrete Sicht davon.

Betrachten wir eine Eisentür mit der rechten Sicht, erscheint sie uns federleicht statt schwer; wir haben das Gefühl, wir könnten durch sie hindurchgehen. Diese Art Erfahrung kann sich einstellen – das ist eine wissenschaftlich erwiesene Tatsache. Analysiert man die Sache, so ist eine Eisentür nur ein Zusammenspiel von Atomen, Elektronen und anderen Teilchen. Ihr braucht nicht einmal die Erfahrung der Leerheit. Auch ohne Mahamudra lockern sich eure konkreten Vorstellungen, wenn ihr die Natur dieser Phänomene wissenschaftlich prüft.

Wer ein Verständnis der *Paramitayana*-Erklärungen zur rechten Sicht hat, der kann auch leicht die tantrische Sicht des Mahamudra verstehen. Ihr mögt vielleicht einwenden: „Mahamudra ist doch universell, die Wirklichkeit ist überall gleich.“ Das stimmt, es ist jedoch wesentlich leichter, die Sicht des Paramitayana zu erfahren als die des Vajrayana.

Wenn wir hier Vajrayana-Mahamudra praktizieren, visualisieren wir uns beispielsweise in der Klaren Lichtnatur des Körpers der Gottheit Chenrezig. Unsere Energie wird zu Chenrezig, wir erfahren gleichzeitig Glückseligkeit und verstehen Shunyata. Diese Verbindung ist schwierig. Warum? Normalerweise verlieren wir unsere Achtsamkeit, unsere durchdringende Weisheit, sobald wir uns glückselig fühlen – so als würden wir das Bewusstsein verlieren. Beobachtet euch selbst: Seid ihr glücklich, so betäuben euch eure sentimentalen Gefühle. Dann kann es geschehen, dass jemand mit euch sprechen möchte, ihr ihn aber nicht einmal wahrnehmt. Ihr seid total voll von euch selbst. Indem wir Yoga-Methoden wie diese praktizieren, lernen wir eine klare Vision unserer selbst als Gottheit zu haben und gleichzeitig Glückseligkeit und die intensive, achtsame rechte Sicht zu erfahren. Das ist das Mahamudra des tantrischen Yoga.

Erster Teil
Die Lehren des Buddha

1 Sutra: Verblendungen ablehnen

Hinayana und Mahayana

Der Buddha gab viele verschiedene Lehren – die jeweils den unterschiedlichen Bewusstseinsebenen der Lebewesen entsprachen und die unendlichen Merkmale der Vorstellungswelt der Einzelnen in Betracht zogen. Es heißt, er habe 84.000 Unterweisungen gegeben, die die Lösungen für 84.000 Verblendungen enthielten. Wollte jemand während eines einzigen Lebens ein intellektuelles Verständnis aller dieser Methoden erlangen, so wäre das fast ein Ding der Unmöglichkeit – doch da sogar die Erleuchtung innerhalb eines Lebens möglich ist, sollte auch das möglich sein. Man kann diese Unterweisungen nicht nur intellektuell verstehen, sondern sie auch vollkommen realisieren.

Betrachtet zum Beispiel den Stufenweg zur Befreiung, den Lamrim: Er hat drei Abteilungen, die drei unterschiedlichen Ebenen von Motivation für die Dharma-Praxis entsprechen. Einige möchten einfach nur sicher sein, auch im nächsten Leben als Mensch wieder geboren zu werden; andere streben die „kleine Befreiung", das Nirwana, an. Buddha betonte, dass sich Menschen mit diesen beiden Arten von Motivation auf die Überwindung ihrer Anhaftungen und Verblendungen konzentrieren sollten, und gab ihnen die Hinayana-Unterweisungen.

Es gibt auch Fortgeschrittenere. Sie verstehen ihre eigenen Verblendungen, haben aber nicht in erster Linie Interesse daran, diese so schnell wie möglich zu tilgen oder nur für sich selbst die Erleuchtung zu erlangen. Ihre Hauptsorge gilt dem Glück der anderen, dem Glück aller Wesen in diesem Universum. Buddha gab diesen Menschen die Paramitayana-Unterweisungen, Bodhichitta, und die anderen Unterweisungen des Mahayana, des Bodhisattva-Pfades. Auf dem Mahayana-Pfad gibt es noch Fortgeschrittenere, die Intelligentesten und vom Glück am meisten Begünstigten. Buddha gab ihnen die esoterischen Vajrayana-Unterweisungen. Solche Menschen nennen wir „kostbare Edelsteine" oder „kostbare Schüler".

Vielleicht denkt ihr nun: „Ich muss mich auf einer dieser Ebenen befinden. Warum lehrt Lama mir nicht nur diese Ebene?" Aber so funktioniert das nicht.

Erklärungen auf einer einzigen Ebene sind nicht genug, um euch den ganzen Weg zur Erleuchtung zu weisen. Nach und nach müsst ihr alle drei Ebenen von Unterweisung hören. Indem ihr einen Schritt vor den anderen setzt und unablässig weitergeht, verwirklicht ihr die erste Ebene, dann die zweite und schließlich die dritte.

Ob wir nun von 84.000 Unterweisungen sprechen oder von drei Abteilungen – alles, was der Buddha lehrte, kann dem Hinayana oder dem Mahayana zugeordnet werden. *Yana* ist ein Sanskrit-Begriff, der wörtlich übersetzt „Fahrzeug" heißt. Wollt ihr beispielsweise ein Gewässer überqueren, so müsst ihr in ein Boot steigen, das euch ans andere Ufer bringt. Die Mahayana-Geisteshaltung des Bodhichitta ist wie solch ein Boot. Steigt ihr in dieses Fahrzeug ein, so bringt es euch automatisch zur Erleuchtung.

Menschen, für die das Hinayana, das Kleine Fahrzeug, angemessener ist, lernen dagegen vor allem ihre eigenen Probleme verstehen; der Gedanke, die Selbst-Verwirklichung zu erlangen, ist ihr Ansporn. Diese Einstellung bringt sie an ihr Ziel, die Selbst-Befreiung, das Nirwana.

Das Mahayana, das Große Fahrzeug, hat zwei Abteilungen: das Ursachen-Fahrzeug und das Ergebnis-Fahrzeug. Beim Ursachen-Fahrzeug handelt es sich um das Paramitayana, das Vollendungs-Fahrzeug, manchmal auch Sutra-Fahrzeug oder Sutrayana genannt. Hier wird der Pfad zur Erleuchtung so dargestellt, dass man allmählich Bodhichitta und die sechs vollkommenen Haltungen eines Bodhisattva entwickelt.

Beim Ergebnis-Fahrzeug handelt es sich um das Vajrayana, auch Tantrayana oder Tantra genannt. Es heißt Ergebnis-Fahrzeug, weil Yogis und Yoginis, die sich auf diese tantrische Methode stützen, das Ergebnis, nämlich das erleuchtete Handeln, in die Gegenwart bringen; sie bringen die Erfahrung der erleuchteten Handlungen eines Buddha direkt in den Stufenweg zur Erleuchtung – und zwar jetzt.

Wenn ihr die Chenrezig-Einweihung entgegennehmt, verwandelt ihr hier und jetzt eure Energie, euer Bewusstsein in Chenrezig; ihr werdet zu Chenrezig. Statt zu denken: „Das ist unmöglich, ich bin total unrein, total verblendet, ich kann niemals Chenrezig sein", verwandelt ihr den gewöhnlichen Körper, die gewöhnliche Sprache und den gewöhnlichen Geist in die glückselige Weisheit des Göttlichen, in Chenrezig – in eine vollständige Erleuchtungs-Erfahrung. Ihr bringt diese Erleuchtungs-Erfahrung in diesem Augenblick in den Pfad zur Befreiung.

Ihr könnt bei euch selbst beobachten, wie der Lamrim funktioniert. Die Erklärungen am Anfang des Lamrim befassen sich vor allem mit euren eigenen alltäglichen Handlungen. Wenn ihr beginnt, all euren inneren Müll wahrzunehmen, kommt ihr euch vielleicht so vor, als bestündet ihr nur aus Negativem. Ihr verliert jede Hoffnung. Fahrt ihr jedoch dann mit eurer Lamrim-Praxis fort, so beginnt ihr allmählich an alle Lebewesen zu denken – und seid nicht mehr nur mit euren eigenen Ego-Puzzles, euren Konflikten und Verblendungen beschäftigt. Ihr öffnet euch mehr. Euer Geist wird universeller, überwindet seine Enge. Wenn sich auf diese Weise eure Einstellung ändert, ändert sich auch das Fahrzeug in eurem Inneren.

Manche sprechen auch von drei Fahrzeugen: Hinayana, Paramitayana und Vajrayana. Durch diese Einteilung könnte man jedoch auf die Idee kommen, Vajrayana sei etwas anderes als Mahayana – was nicht richtig ist. Paramitayana und Vajrayana gehören beide zum Mahayana, und beide bringen euch zur Erleuchtung. Sie führen nicht zu unterschiedlichen Resultaten, sie sind nur deshalb verschieden, weil Buddha verschiedenen Ebenen von Schülern unterschiedliche Methoden vermittelt hat. Das Paramitayana und das Varjayana bringen euch zur Erleuchtung, doch ist das erstgenannte Fahrzeug langsam, das zweite schnell. Das Tantra-Fahrzeug führt am schnellsten zur Erleuchtung.

Im Hinayana und Paramitayana geht man gleichermaßen davon aus, dass wir uns aufgrund von Karma und Verblendungen in Samsara befinden – also im Daseinskreislauf leiden –, und diese daher überwunden werden müssen. Dem Tantra zufolge kreisen wir zudem deshalb in Samsara, weil unsere Wahrnehmung der Wirklichkeit gewöhnlich und nicht göttlich ist. Entwickeln wir eine feinere Sichtweise und behalten ständig das Bewusstsein von Schönheit und Vollkommenheit bei, so kann Depression oder Selbstsucht nicht entstehen. Solch eine Erfahrung lässt sich jedoch nur durch Übung entwickeln; es nur intellektuell zu verstehen, nutzt nichts.

Welche Vorteile ein klares Verständnis hat

Habt ihr ein klares Verständnis von Buddhas Methoden und Lehren in ihrer Gesamtheit, dann fühlt ihr euch wohl mit dem, was ihr tut, und niemand kann eure Praxis stören. Habt ihr das nicht, sondern versteht nur einen Teil richtig, so kann es leicht passieren, dass euch scharfsinnige Intellektuelle verunsichern und ihr das Vertrauen verliert. Obwohl ihr genau das Richtige tut, könntet ihr denken: „Ich muss etwas falsch machen. Er hat meine Übung kritisiert und ich konnte ihm nichts entgegenhalten."

Auf dieser Welt ist es nicht immer so einfach. Irgendein Professor könnte daherkommen und sagen: „Du beschäftigst dich also mit Meditation!", und dann beginnen, dir mit unverständlichen Worten von verschiedenen philosophischen Sichtweisen zu erzählen. Du weißt vielleicht, wovon er spricht, kannst es aber doch nicht ganz erfassen. Nun fängst du an zu denken, dass du eigentlich keine Ahnung hast, und gibst deshalb selbst das bisschen Meditation auf, das du vorher geübt hast. Es schleicht sich das Gefühl ein: „Ich bin ein hoffnungsloser Fall, bei mir klappt sowieso nichts. Dieser Professor hat sofort meine schwachen Punkte gefunden."

Wir alle fühlen uns von Zeit zu Zeit so. Daher solltet ihr versuchen, den Lamrim in seiner Gesamtheit zu verstehen – Sutrayana wie Tantrayana, von Anfang bis Ende. Das versetzt euch in die Lage, eure Meditationen problemlos und ohne Hindernisse zu verwirklichen.

Der Buddha hat viele verschiedene Dinge gelehrt – in Abhängigkeit von den verschiedenen Bewusstseinsebenen seiner Schüler. Er sagte: „Manchmal sage ich ja, andere Male nein. Nehmt meine Aussagen nicht wörtlich, benutzt eure eigene Weisheit, um zu analysieren, was ich sage." Eure eigene Weisheit wird eure Befreiung.

2 *Tantra: Verblendungen umwandeln*

Welche Voraussetzungen braucht man für die Tantra-Praxis?

In der tibetischen Tradition heben wir hervor, wie wichtig die Entwicklung von Entsagung, Bodhichitta und der Weisheit der Leerheit als Grundlage für die Tantra-Praxis ist. Wir nennen diese Haltungen „drei vorbereitende Übungen“, weil es sich dabei um Voraussetzungen für die tantrischen Unterweisungen handelt. Hat man kein Verständnis von diesen drei Hauptaspekten des Pfades oder der Natur der Verblendungen und hört dann tantrische Unterweisungen – beispielsweise darüber, dass man die Energien des Verlangens, der Begierde und der Anhaftung in den glückseligen Pfad der Befreiung nehmen kann –, so kann man leicht in Schwierigkeiten geraten.

Die Tantra-Praxis ist sehr wirkungsvoll. Tantra ist der schnellste Pfad zur Erleuchtung. Ist man aber nicht richtig vorbereitet, so ist er auch der gefährlichste. Wir vergleichen das Tantra mit einer Schlange in einem hohlen Bambus-Rohr – sie kann nur hinauf oder hinunter gehen, einen anderen Weg gibt es nicht. Die Schlange kann sich nicht in seitliche Richtung bewegen – so ähnlich verhält es sich auch mit dem Tantra.

Falsche Vorstellungen über das buddhistische Tantra

Im Westen gibt es viele irreführende Veröffentlichungen über den tibetischen Buddhismus und das buddhistische Tantra. Den vollkommen falschen Vorstellungen einiger Autoren zufolge hat Tantra nur mit Sex zu tun. Diese Leute bilden sich ein, sie könnten Tantra durch bloßes Betrachten verstehen. Andere glauben, der tibetische Buddhismus sei eine Art Magie, und wieder andere befürchten, die tibetischen Lamas könnten ihren Geist unter Kontrolle bringen. Mich haben die Mutmaßungen solcher Leute wirklich überrascht.

Es gibt bestimmte höhere Ebenen im buddhistischen Tantra, auf denen die Energie von Männern und Frauen in Vereinigung benutzt wird – diese Übungen sind aber sehr fortgeschritten und werden höchst selten ausgeführt. Aus weltlicher Sicht würden wir denken, solch eine Situation sei von Begierde geprägt; mit Geschick lässt sich diese Energie jedoch in den glückseligen Pfad zur Befreiung verwandeln. Daran besteht kein Zweifel.

Andere Missverständnisse ergeben sich, wenn man das buddhistische Tantra mit dem hinduistischen verwechselt. Das Wort „Tantra" wird zwar von beiden Traditionen benutzt, es hat aber eine unterschiedliche Bedeutung. Oberflächlich gesehen gibt es möglicherweise gewisse Ähnlichkeiten bei einzelnen Übungen, sie sind jedoch keinesfalls gleich.

Einige der Europäer, die schon früh in den Osten reisten, trafen nicht die richtigen Leute und als sie die tantrische Kunst Tibets in den Tempeln sahen, dachten sie, genau das sei der tibetische Buddhismus und man könne ihn einfach durch die Betrachtung der Bilder verstehen. Ihr falsches Verständnis veröffentlichten sie dann noch in Büchern, und so verbreitete es sich.

Heutzutage belassen es die Menschen jedoch nicht mehr beim bloßen Hinsehen. Sie prüfen die Dinge genau und versuchen, Erfahrungen zu sammeln. Es gibt nun auch gute Übersetzungen der Lehren des tibetischen Buddhismus. Die Entwicklung geht dahin, dass die Menschen sich ein wesentlich besseres Verständnis verschaffen können. Das ist sehr wichtig.

Gewöhnliche Handlungen zu etwas Göttlichem machen

Der wirkungsvolle Pfad des Tantra nimmt die Energie der Begierde, des Verlangens und der Anhaftung an; statt sie abzulehnen, wie man Gift ablehnen würde, nimmt er sie als Pfad zur Befreiung. Normalerweise vermeiden wir Gift so weit wir können; im Tantra benutzen wir es aber als wirkungsvolle Medizin.

Tibetische Ärzte benutzen viele Substanzen aus der Natur – unter anderem auch giftige –, um daraus Medizin herzustellen. Auf diese Art kann Gift zu etwas ausgesprochen Nützlichem werden. Ich bin sicher, dass auch die westliche Medizin früher so vorging, doch heutzutage haben wohl Chemikalien den Platz des Giftes eingenommen.

Wenn ihr bisher nur den Lamrim studiert habt, wird euch auffallen, dass man im Tantra völlig anders an die Dharma-Praxis herangeht. Im Lamrim wird gelehrt, man soll der Anhaftung, dem Ärger, der Eifersucht und so weiter entsagen und sie ablehnen. Vielleicht denkt ihr nun: „Diese Lamas sind verrückt. Manchmal setzen sie mich unter Druck, indem sie sagen: ‚Wenn du deiner Begierde folgst, schaffst du negatives Karma und wirst nur Leid erfahren'; jetzt sagen sie plötzlich: ‚Es ist in Ordnung, der Begierde zu folgen. Nimm sie als Pfad und sie wird dich befreien.'" Vielleicht wisst ihr jetzt gar nicht mehr, welchem Pfad ihr folgen sollt.

Die Energie von Begierde und Anhaftung als Pfad nehmen heißt natürlich nicht, dass ihr einfach tun könnt, was ihr wollt. Es bedeutet dagegen, dass ihr nicht mehr länger versucht, vor bestimmten Situationen davonzulaufen, sondern geschickt mit ihnen umgeht. Dann könnt ihr alles, was in eurem Alltag entsteht – jeden Umstand und jede Situation, all eure Begierde und eure Anhaftung –, in den Pfad zur Befreiung verwandeln. Jede Art negativer Energie kann euch helfen, die Erleuchtung zu erlangen, statt euch zu deprimieren. Überprüft das durch eure eigene Erfahrung – ihr braucht nicht einfach glauben, was ich erkläre.

Vielleicht versteht ihr jetzt, warum wir sagen, Tantra könne gefährlich sein. Selbst wenn ihr nur das einfache Vergnügen, euer Müsli zu essen, umwandeln möchtet, so bedarf das beständiger Übung: Von morgens bis abends und vom Schlafengehen bis zum Aufwachen müsst ihr alles, was ihr tut, in reine Taten umwandeln.

Denkt einmal daran, wie ihr euch morgens beim Aufwachen fühlt. Meistens denkt ihr: „Mir ist kalt, ich habe Hunger, ich leide“, und euer Geist fängt sofort an, sich mit eurem Morgenkaffee zu beschäftigen. Statt euren Tag so zu beginnen, könnt ihr euch vorstellen, Chenrezig sei neben euch und wecke euch auf, indem er strahlendes, kraftvolles, weißes Licht direkt in euer Bewusstsein schickt. Dann sinkt er in euch ein und ihr werdet sofort zu Chenrezig (siehe Seite 103). Fasst folgende Motivation: „Ich habe großes Glück, weil ich heute morgen noch am Leben bin, also werde ich die Energie meines Körpers, meiner Sprache und meines Geistes in den glückseligen Pfad zur Befreiung umwandeln. Möge alles, was ich tue, eine göttliche Handlung von Chenrezig werden.“ Widmet all euer Tun dem Wohlergehen aller fühlenden Wesen. Diese Gedanken kann man in wenigen Minuten fassen und damit den Tag beginnen.

Rezitiert dann beim Aufstehen das Mantra und verwandelt auch alles andere, was ihr tut. Wenn ihr euch wascht, stellt euch vor, dass ihr euren göttlichen Körper mit glückseliger Energie wascht, anstatt zu denken, dass ihr euren leidvollen Körper mit Wasser säubert. Kleidet euren göttlichen Körper in glückselige, göttliche Gewänder, statt gewöhnliche Kleidungsstücke anzuziehen. Beginnt ihr euren Tag so, wird der Rest eures Tages viel einfacher.

Beim Frühstück solltet ihr dann alles, was ihr esst und trinkt, segnen, so dass es zu strahlender, glückseliger Lichtenergie wird, die ihr dem göttlichen, universellen, Mitgefühls-Weisheits-Chenrezig darbringt. Beachtet dabei: Ihr seid Chenrezig. Chenrezig befindet sich nicht außerhalb von euch. Falls ihr es vorzieht, könnt ihr Chenrezig auch in eurem Herzen visualisieren oder eure Gaben dem Guru Chenrezig – dem Guru, den man als eins mit Chenrezig wahrnimmt – darbringen. Beginnt beim Aufwachen und wandelt alles um.

Bei diesem Prozess geht es um das Erwecken unseres Geistes. Normalerweise verhalten wir uns so ähnlich wie Kühe; doch wenn wir unsere Handlungen umwandeln, werden sie göttlich, sie gehen weit über die gewöhnliche Vorstellungskraft hinaus. Falls wir kein Verständnis von der Natur der Wirklichkeit, der Leerheit, haben, falls wir nicht begreifen, dass die Dinge nicht von ihrer eigenen Seite her existieren, ist es natürlich schwierig, normale Energie in glückselige Energie umzuwandeln. Für diejenigen, die die Leerheit verstehen, ist es dagegen leicht.

Gehen wir über unsere gewöhnlichen Erfahrungen hinaus, so führen wir beispielsweise jedes Mal, wenn wir trinken, unserem Chenrezig-Nervensystem Energie zu, und diese glückselige Erfahrung bringt euch psychische Befriedigung. Segnet ihr die Speisen beim Mittagessen und wandelt sie in die universelle glückselige Energie der göttlichen Sichtweise des

Chenrezig-Bewusstseins um, so verändert ihr damit die Beziehung zwischen der materiellen Energie der Nahrung und euch selbst vollkommen. Versucht es, dann erfahrt ihr selbst, worüber ich hier spreche.

Normalerweise betrachtet ihr Essen und Trinken als etwas Weltliches: „Ich mag meinen Körper nicht; ich will dieses Zeug nicht essen, aber ich muss es tun, igitt." Manchmal mögen wir nicht, was wir tun. Das ist nicht richtig. Verwandeln wir unsere Taten in die glückselige Weisheitsenergie von Chenrezig, so tritt eine radikale Veränderung ein; alles wird anders. Ihr seid eine andere Person; euer Geist wird zu etwas anderem.

Normalerweise reden wir ziemlich viel, wenn wir essen, und tun es vielleicht noch dazu im Stehen. Wenn irgend möglich, solltet ihr euch hinsetzen und euch Zeit nehmen. Hier während der Klausur, ist es doch egal, ob ihr euch zur Gruppe gesellt oder nicht. Ihr könnt euch einfach von den anderen entfernen, euch hinsetzen und entspannen, statt euch ins Getümmel zu begeben, als wäret ihr auf einer Party. Lernt ihr das, so könnt ihr später, wenn ihr auf einer Party seid, eure Handlungen zu etwas Transzendentem werden lassen und sie in den glückseligen Pfad zur Befreiung verwandeln.

Im Moment befinden wir uns jedoch am Anfang unserer Schulung, und wir tun keinesfalls spontan und instinktiv das Richtige. Alles ist etwas schwierig und mühevoll. Habt ihr aber erst einmal den Zustand erreicht, in dem alles mühelos wird, braucht ihr keine gedanklichen Anstrengungen mehr, wenn ihr etwas tut; ihr tut spontan das Richtige.

Genauso geht es uns, wenn wir im Bett liegen und schlafen wollen: Unser Bewusstsein rast überall hin. „Nach diesem Meditationskurs werde ich dies und jenes tun; er sagt, ich solle das tun; sie hat dies und das getan." Das ist einfach zu viel! Ihr fliegt um die Welt, treibt euch in Sydney und Melbourne herum und besucht dort Partys! Psychisch seid ihr so geschäftig. Da ist es ganz normal, dass ihr äußerst müde seid, wenn ihr morgens aufsteht. So funktioniert die geistige Energie – ihr tut körperlich zwar nichts, doch geistig befindet ihr euch auf einer fantastischen Reise.

Werdet zu Chenrezig, wenn ihr schlafen geht. Habt ihr Einschlafprobleme, so konzentriert euch auf die Silbe HRIH im Halschakra oder am Herzen. Stellt euch vor, es vibriert und strahlt schwarzes Licht aus. Wirklich schwarz? Ja, oder zumindest sehr dunkel. Zieht man im Westen nicht vor dem Schlafengehen die Vorhänge zu, damit es dunkel wird? Ihr könnt im Hellen nicht schlafen, weil der Geist so geschäftig ist; er möchte alle möglichen Dinge anschauen. Im Schlaf funktionieren die Sinneswahrnehmungen aber sowieso nicht. Hier gibt es eine Methode, die ihr benutzen könnt, wenn ihr schlafen möchtet – den ganzen Tag und die ganze Nacht, wenn ihr es wollt. Im Tantra gibt es viele solche Techniken.

Es könnte zum Beispiel vorkommen, dass es Männern in einem Meditationskurs wie diesem besonders schwer fällt, die Sexualenergie im Schlaf zu kontrollieren. Die Folge wäre, dass sie Samenflüssigkeit verlieren. Wenn ihr mithilfe starker Konzentrationskraft die Keimsilbe HRIH zur Kehle bringt, ist es nicht möglich, Energie zu verlieren. Beim Schlafengehen wandert die Energie unseres feinstofflichen Nervensystems nach unten. Es geht hier also nicht nur um die psychische Ebene. Dinge passieren auf der physiologischen Ebene und so wird eine bestimmte geistige Situation geschaffen. Doch mit Techniken wie dieser kann man den Geist beeinflussen. Wenn ihr eure Konzentration auf die Kehle richtet und die Energie nach oben bringt, dann bleibt sie da und ihr verliert sie nicht. Statt beim Anblick anderer zu denken: „Er ist so und so; sie ist so und so“, solltet ihr sie als Chenrezig sehen. Visualisiert ihr andere als Chenrezig, so könnt ihr ihnen gegenüber einfach keine negativen Gefühle entwickeln. Sie vermitteln euch glückselige Energie statt Kummer. Dann wird alles – die Situationen, eure Umgebung, euer Mandala – zur reinen Energie: völlig reine glückselige Weisheit.

Wenn ihr in diesem Tempel meditiert, solltet ihr nicht denken, er sei aus gewöhnlichem Holz gemacht. Stellt euch vor, glückseliges, universelles Mitgefühl in Form von strahlendem Licht gehe von euch als Chenrezig oder von Guru Chenrezig aus. Wenn ihr dann die Wände anschaut, spürt ihr eine freudvolle Schwingung, statt der „ich-mag-dieses-Holz-nicht-Schwingung".

Ihr habt das sicher schon einmal erfahren. Prüft, wie ihr euch in eurem eigenen Haus verhaltet oder wenn ihr mit euren Freunden zusammen seid. Indem ihr die Dinge in Zusammenhang mit euren alltäglichen Erfahrungen bringt, könnt ihr verstehen, wie es möglich ist, sie auszudehnen und unendlich weiterzuentwickeln.

Was ist die Wirklichkeit?

Ich spreche nicht über Dinge, die nicht zu entwickeln sind. Tantra passt zum westlichen Geist, denn er ist voller Tricks und sehr technisch orientiert. Da Tantra technische Methoden hat, kann der westliche Geist es leicht aufnehmen. Ihr mögt außerdem schöne Dinge, Düfte, liebliche Formen und Farben. Ihr schmückt euer Haus gerne, ihr liebt hübsche Gegenstände, ihr renoviert gerne und gestaltet eure Häuser gerne immer mal wieder neu. Im Tantra tut man das Gleiche, der einzige Unterschied ist, dass wir dazu den Geist benutzen.

Vielleicht denkt ihr, ich würde euch empfehlen, etwas zu halluzinieren, etwas zu erfinden, was nichts mit der Wirklichkeit zu tun hat. Vielleicht denkt ihr, Tantra mache euch zu einem Zauberer und ihr würdet dann etwas erfinden. Ihr fragt euch: „Das ist nicht die Wirklichkeit. Wie soll das funktionieren?"

Ich möchte euch eine Frage stellen: Was ist die Wirklichkeit? Ist eure Sicht der verlockenden Schokolade Wirklichkeit? Wenn ihr Probleme und Konflikte habt und andere Leute in einem jämmerlichen Aspekt seht – ist das die Wirklichkeit oder nicht? Ich sage euch: Alles, was ihr für gut oder schlecht - haltet, die gesamte Welt der Sinne, ist eine Erfindung eurer Psyche.

Euer Geist hat das erdichtet. Es gibt nichts, was in einem absoluten Sinne oder ganz automatisch gut oder schlecht wäre. So etwas könnte gar nicht existieren.

Chandrakirti, der berühmte indische Mahayana-Heilige, der Nagarjunas Madhyamaka-Philosophie veranschaulichte, führt folgendes Beispiel an: Stellt euch ein Glas Flüssigkeit vor, das von drei verschiedenen Wesen betrachtet wird. Eines ist ein Mensch, eines ein Gott innerhalb von Samsara und eines ein Hungergeist. Obwohl alle drei das gleiche Objekt betrachten, das gleiche Glas Flüssigkeit, sieht jeder es auf vollkommen andere Weise. Der Mensch sieht es als Wasser, der Gott als Glückseligkeit spendenden Nektar, der Hungergeist als Blut oder Eiter. Was ist nun die Wirklichkeit? Wessen Wahrnehmung ist richtig?

Ein anderes Beispiel: Jeder Mann wählt die Frau, die er mag, nach seinen persönlichen Gesichtspunkten aus. Auch Frauen haben ihre persönlichen Vorstellungen davon, was gut und was schlecht ist, und diese sind die Grundlage für ihre Männerwahl. Wenn ihr einmal darüber nachdenkt – wie könnt ihr dann jemanden schön oder hässlich machen? Es wird alles vom Geist erfunden. Überprüft es für euch selbst. Es ist ja nicht so, dass ihr eine Person mögt oder nicht mögt, weil sie von Natur aus gut oder schlecht ist. Der wahre Grund für diese Unterscheidung liegt in euren eigenen Vorurteilen und festen

Vorstellungen darüber, wie sie sein sollte. Ihr reagiert automatisch mit „gut" oder „schlecht".

Darin zeigt sich, dass ihr nicht befreit seid. Eure Konflikte mit anderen sind das Resultat eurer fanatischen, festgefahrenen Vorstellungen von Gut und Schlecht. Ihr habt keinesfalls ein universelles Verständnis; eure fanatische Sicht verhindert das Wachstum eurer universellen Weisheit und eures universellen Mitgefühls, die die Essenz von Chenrezig sind.

Lama Tsong Khapas Antwort auf die von Chandrakirti angeführte Debatte ist, dass die Wirklichkeit von Wasser, die Wirklichkeit glückseliger Energie und die Wirklichkeit von Blut gleichzeitig in diesem Glas Flüssigkeit vorhanden sind. In welcher Weise? Die Eindrücke kraftvoller karmischer Energie, die in jedem Wesen latent vorhanden sind, werden durch die mitwirkende Ursache – den Anblick des Glases mit Flüssigkeit – aktiviert, sie verbinden sich mit den mitwirkenden Ursachen und bringen so die Wirklichkeiten von Wasser, Nektar oder Blut hervor. Diskutiert darüber mit anderen Dharma-Schülern, dann werdet ihr es allmählich verstehen.

Alle drei Wahrnehmungen sind also korrekt. Innerhalb dieses einen Objekts, des Glases mit Wasser, finden wir die Energie des Wassers, die Energie des Nektars und die Energie von Blut. Das Gleiche geschieht, wenn eine Frau einen Mann gut aussehend findet und eine andere den gleichen Mann für hässlich hält. Schauen ihn hundert Frauen an, so gibt es hundert Sichtweisen. Trotzdem existiert in diesem Mann die Energie dessen, was jede Frau sieht – genau wie in dem Beispiel mit der Flüssigkeit.

Ein anderer großer Mahayana-Heiliger, Shantideva, erläuterte die Prajnaparamita-Unterweisungen des Buddha – seine Lehren über die Weisheit, die die Leerheit versteht –, um sie leichter zugänglich zu machen. Er sprach darüber, dass sich ein Lebewesen im Höllenbereich in einem brennenden Eisenhaus gefangen finden könnte, das ganz von Feuer umgeben ist, und sich dann fragt: „Wodurch ist all dies entstanden?" Shantideva zufolge entstand es einzig und allein aus dem Geist dieses Lebewesens. Es ist keinesfalls so, dass jemand an einem Ort mit Namen „Hölle" das Eisenhaus gebaut und das Feuer entzündet hat und daraufhin dachte: „Oho, ich warte auf Thubten Yeshe. Bald wird er sterben und hierher kommen. Ich bin für ihn bereit." So existiert die Hölle nicht.

In Wirklichkeit wird zum Todeszeitpunkt die machtvolle Energie früher begangener negativer Handlungen, die in Form von Eindrücken im Geist jedes Wesens vorhanden sind, aktiviert, und diese erzeugt dann für dieses Wesen die Erfahrung von intensivem Leiden, die wir „Hölle" nennen. Die Hölle existiert nicht von ihrer eigenen Seite, der negative Geist erschafft sie. Nicht nur Shantideva erklärt das so, auch Buddha spricht in seinen Sutren darüber, und Shantideva bezieht sich auf diese. Das ist sehr interessant und sehr wichtig. Überprüft es, denkt darüber nach.

Wenn ihr den Lamrim nur intellektuell betrachtet, denkt ihr vielleicht, die Hölle sei etwas Reales, etwas Konkretes, was von seiner eigenen Seite her existiert. Dann denkt ihr: „Oh, das kann nicht wahr sein" und bezweifelt die Existenz solcher Dinge.

Shantidevas Erklärungen über die Höllenfeuer und dergleichen erleichtern es westlichen Menschen zu verstehen, worum es geht. Eure klägliche Sicht der Wirklichkeit wurde von eurem eigenen Geist, eurem eigenen unethischen Verhalten erschaffen. Eure glückselige Sicht der Wirklichkeit stammt ebenfalls aus eurem Geist, aus eurer eigenen Tugend.

Wollt ihr die Wirklichkeit noch genauer betrachten, so könnt ihr die psychischen Erfahrungen eurer Träume mit euren Erfahrungen im Wachzustand vergleichen. Welcher Unterschied besteht da? Erforscht das bei euch selbst. Normalerweise seht ihr einen großen Unterschied: „Meine Träume sind nicht real, mein Alltag dagegen ist wirklich real."

Bei näherem Hinsehen könnt ihr jedoch erkennen, dass das nicht den Tatsachen entspricht – manchmal ist eure Traum-Wirklichkeit noch stärker als die Tages-Wirklichkeit. So könntet ihr euch zum Beispiel nach einem schrecklichen Traum morgens sehr traurig fühlen – und überhaupt nicht verstehen, woher das kommt. Ihr sagt: „Es muss der Traum sein." Ist euch das schon einmal passiert? Ihr seid gescheit genug, um zu wissen, dass Traum- und Wachzustand verschieden sind, doch wenn ihr merkt, wie sehr euch solch ein heftiger Traum beherrschen kann, so stellt sich ein gewisses Unwohlsein ein. Es zeigt, dass auch Träume Wirklichkeit sind.

Manchmal träume ich, ich würde köstliche Speisen zu mir nehmen. Am Morgen fühlt sich mein Nervensystem so angenehm an; ich habe sogar mehr Energie. Es ist wirklich erstaunlich. Vielleicht bin ich ein Hungergeist! Das war nur ein Spaß. Ihr habt gewiss schon ähnliche Erfahrungen gemacht. Auch sie sind ein Hinweis darauf, dass Träume wirklich sind.

Unsere Frage lautet also: „Was ist Wirklichkeit?" Das ist alles. In allen Unterweisungen des Buddha, in allen seinen wichtigen Aussagen kommt eines zum Ausdruck: Die Wirklichkeit wird vor allem vom Geist erschaffen. Die Güte und die Bösartigkeit der Menschen kommen aus dem Geist. Natürlich existieren Gut und Böse – aber nur auf der relativen Ebene, nicht letztendlich. Wie ich schon vorhin sagte, kommen psychische Energie und verschiedene mitwirkende Ursachen zusammen und verwandeln sich in unsere Sicht der Wirklichkeit.

Man kann das Ganze auch folgendermaßen betrachten: Wie viele universelle Phänomene sind Wirklichkeit für euch? Denkt einmal darüber nach. Schließlich ist nicht jedes existierende Phänomen Wirklichkeit für jedermann. Unser Geist ist begrenzt. Was wir als Wirklichkeit wahrnehmen, ist folglich auch begrenzt, obwohl die Phänomene des Universums grenzenlos sind. Versteht ihr das? Eine Energie, der ihr noch nie bewusst begegnet seid, ist für euch nicht Teil der Wirklichkeit, für andere jedoch sehr wohl. Wieder stellt sich uns die Frage: „Was ist Wirklichkeit?"

Es ist wichtig zu erkennen, was für euren eigenen Geist, für eure eigene Sichtweise wirklich ist. Betrachtet einmal einen Tisch. Ihr sagt: „Ich sehe, dass dieser Tisch existiert." Tatsächlich existiert der Tisch für euch erst, seitdem ihr herkamt und ihn saht. Wenn ihr seht, wird eine bestimmte geistige Energie in diese Atmosphäre geschleudert und ihr sagt: „Ich sehe einen Tisch. Dieser Tisch ist so und so ...." Euer dualistischer Geist sieht diesen Tisch als etwas, was außerhalb von euch existiert; tatsächlich ist er jedoch Teil der Natur eures Geistes – der Tisch und euer Bewusstsein sind vereint. In gleicher Weise lässt unsere psychische Energie die Dinge als gut oder schlecht erscheinen. Alles, was wir wahrnehmen, ist psychisch erzeugt; nichts existiert rein äußerlich als etwas Festes.

Der Buddhismus ist nicht nur eine Religion

Die Leute denken, der Buddhismus sei nur eine „Religion". Tatsächlich hat der Buddha jedoch seine wissenschaftlichen Ideen über die Atome und die Entwicklung der Phänomene schon lange vor der westlichen Wissenschaft erklärt. Wenn ihr den Buddhismus studiert, studiert ihr also nicht nur eine Religion, an die man einfach glauben muss; ihr studiert das gesamte Universum. Verfällt man in eine fanatische Haltung, dann wird man sehr eng – die Weitsicht geht verloren. So eine Einstellung ist sehr gefährlich; sie bringt Wut und Angst hervor.

Seid so vernünftig, das gesamte Bild zu sehen, und bemüht euch um rechtes Unterscheidungsvermögen. Das ist jedoch nicht leicht, da die wissenschaftliche Weltsicht, die Philosophie des Westens, davon ausgeht, dass die Phänomene aus sich selbst heraus existieren – alles baut auf dieser Prämisse auf. Daher wird es problematisch, wenn irgendein Lama plötzlich vom Himmel fällt und sagt, das, was ihr für real haltet, sei nicht real. „Wie kann er so etwas behaupten", denkt ihr, „ich habe die Wirklichkeit seit meiner Geburt so gesehen."

Wenn ihr hört, dass die Wirklichkeit nicht so beschaffen ist, wie ihr immer gedacht habt, verspürt euer halluzinierender Geist Angst. Überprüft ihr dann die Dinge mit Geschick und Weisheit, wird sich eure Vorstellung allmählich ändern. In der Folge verändern sich auch eure Empfindungen, die Gefühle, die Wirklichkeit und euer Unterscheidungsvermögen. Mit anderen Worten: Euer gesamtes Universum verändert sich.

Wir leben in unserer eigenen Welt

Wir könnten es auch folgendermaßen ausdrücken: Jeder von uns lebt in seiner eigenen Welt. Wir mögen zwar übereinstimmend sagen: „Wir wohnen im *Chenrezig Institute*", doch tatsächlich hat jede der hier versammelten siebzig Personen eine andere Vorstellung. Jeder von uns hat seine persönlichen Empfindungen, Gefühle und Beurteilungen. Das ist gemeint, wenn ich sage, dass wir alle in unserer eigenen Welt leben. Ich lebe nicht in eurer Welt; ihr lebt nicht in meiner; wir leben jedoch zusammen. Wir essen das gleiche Müsli zum Frühstück und das gleiche Reis-Gemüse-Gericht zum Mittagessen. Wir trinken das gleiche Wasser; wir tun die gleichen Dinge – und doch erfahren wir sie alle auf unterschiedliche Weise. Diese Erkenntnis ist irgendwie überwältigend; gleichzeitig macht sie alles sehr einfach. Würden wir alle in der gleichen Welt leben, würde ich lachen, wenn ihr lacht, und ihr würdet jedes Mal lachen, wenn ich lache. So ist es aber nicht. Daraus können wir schließen, dass jeder von uns in seiner eigenen Welt lebt. Nur wenn wir alle die Ganzheit, die rechte Sicht der Leerheit, realisieren, können wir davon sprechen, dass wir in der gleichen Welt, im gleichen Mandala, leben. Dann verändert sich die Vorstellung von Selbstexistenz, von einem Selbst, das von seiner eigenen Seite her existiert – „ich bin dies, das ist das" – vollkommen.

Chenrezig werden

Es ist sehr wichtig, dass ihr die Wirklichkeit auf diese Weise seht. Wenn der Lama sagt: „Du wirst zu Chenrezig", denkt ihr ansonsten: „Wie bitte? Sagt er, mein Körper solle zu Chenrezig werden?" Wenn ihr nicht versteht, wie eure gesamte Welt von eurem eigenen Geist erschaffen wird, glaubt ihr euren konkreten Sinneswahrnehmungen und seid fest davon überzeugt, dass da draußen etwas Festes existiert, das ganz von euch getrennt ist. „Dies ist wirklich, jenes ist real." Unter solchen Umständen könnt ihr schwer verstehen, wie eure Weisheitsenergie sich in die göttliche Gestalt von Chenrezig verwandeln lässt. Aber die Verwandlung in Chenrezig ist keinesfalls bloße Fantasie.

Westliche Menschen stellen mir oft viele Fragen. Das ist sehr positiv. Ich freue mich wirklich darüber. Ich erinnere mich noch gut an eine Situation vor etwa vier Jahren, in der einer meiner Schüler mit mir debattierte. Er stellte mir eine Frage, die albern klingen mag, aber einen Bezug zu unserem Thema hat: „Wenn man sich in eine Gottheit verwandeln kann, kann man sich dann nicht auch genauso gut in die eigenen Schuhe verwandeln?" Ich hoffe, ihr versteht mittlerweile, dass es da einen großen Unterschied gibt!

Vielleicht sollte ich es nochmals erklären: Wenn ihr zu Chenrezig werdet, ist es nicht der Körper, der sich umwandelt. Wieso? Weil ihr nicht euer Fleisch, eure Knochen und eure Haut seid. Wenn ihr glaubt, nur diese Körperteile seien real, so ist es schwer für euch, Chenrezig zu werden.

Was geschieht dann? Wenn ihr über Leerheit meditiert, setzt folgender psychischer Prozess ein: Alle eure Vorstellungen darüber, was ihr seid, wie es euch geht, alle Projektionen eures Ich lösen sich auf; diese Eigenschaften verschwinden völlig aus eurem Bewusstsein. Es bleibt die Weisheitsenergie, und diese Weisheit verwandelt sich in den strahlenden, göttlichen Lichtkörper von Chenrezig. Mit anderen Worten: Ihr habt einen psychischen Weisheitskörper, einen bewussten Geistkörper, der einem Regenbogenkörper gleicht. Hier handelt es sich nicht um einen Körper, den ihr mit den Händen anfassen könnt, um dann zu sagen: „Da ist er." Trotzdem existiert er auf vollkommene Weise.

Wenn wir hier von einem Regenbogen sprechen, fällt mir ein anderes Beispiel ein. Ist ein Regenbogen wirklich oder nicht? Er existiert schließlich, oder? Wenn wir die konkrete Sichtweise unseres Ego einnehmen, fällt es uns aber schwer zu sagen, der Regenbogen sei etwas Reales. Fragt euch jemand: „Ist der Regenbogen real?", so sagt ihr, „na ja ..." oder „hm ...". Schließlich müsst ihr aber doch zugeben: „Ja, er existiert ganz real." Woher kommt dieses Zögern? Weil wir oft nur das für real halten, was wir anfassen können. Können wir es weder berühren noch benutzen, so betrachten wir es nicht als etwas Wirkliches.

Die heutige wissenschaftliche Technologie hat viele Dinge zum Vorschein gebracht, die wir als Menschen nicht berühren können – zum Beispiel Energie. Die Entwicklung dieser Art „höheren Bewusstseins" in der Wissenschaft hat etwas sehr Schönes; wir können diese Erkenntnisse in unsere Meditation integrieren. Wenn Menschen, die das Dharma studieren und praktizieren, sich mit den Entwicklungen in der wissenschaftlichen Technologie beschäftigen, können sie dort außergewöhnliche Beispiele finden, die sie gebrauchen können. Es ist sehr wichtig, sich solch ein Verständnis der Wirklichkeit anzueignen.

Mantra: relativ und absolut

Man nennt das Tantrayana auch manchmal Mantrayana. Wenn wir das Wort „Mantra" hören, denken wir normalerweise an Worte, die wir rezitieren und zählen – das ist aber nicht die einzige Bedeutung. Es gibt das relative Mantra und das absolute. Das Mantra „OM MANI PADME HUM", das Mantra von Chenrezig, das wir zählen, wäre das relative Mantra. Das absolute Mantra ist etwas anderes: Es ist die Yogatantra Methode, der tantrische Pfad der Befreiung. Der Pfad selbst ist also das Mantra.

Die tibetische Übersetzung für das Sanskrit-Wort „Mantra" lautet *yi-gyur-pa;* was man mit „Befreiung des Geistes" übersetzen könnte. Von was wird der Geist befreit? Von gewöhnlichen Vorstellungen. Meditiert ihr nach der Yoga-Methode von Chenrezig, verwandelt sich euer Körper in die göttliche Form des strahlend weißen Lichtkörpers von Chenrezig, eure Rede in die unzerstörbare göttliche Rede und euer Geist in die göttliche Weisheit, das göttliche Bewusstsein von Chenrezig. Diese Methode befreit euch von weltlichen Gedanken sowie von eurem gewöhnlichen Körper, eurer gewöhnlichen Rede und eurem gewöhnlichen Geist. Das ist die eigentliche Funktion des Mantra, bzw. des Tantrayana.

Stellt euch einmal vor, ihr wäret gesund. Doch plötzlich sagt euch ein Arzt, ihr wäret krank. Glaubt ihr ihm, so fühlt ihr euch sofort krank. Stimmt das? Versteht ihr, was ich meine? Parallel dazu: Wenn ihr glaubt, dass ihr ein begierdevolles, unwissendes Wesen seid, so wird euer Ich automatisch so reagieren und wird euch so erscheinen. Geht ihr dagegen über weltliches Handeln hinaus und wandelt es in göttliches um, so wird es göttlich. Genau das passiert, wenn ihr euch auf die Methoden des tantrischen Yoga stützt.

Eure Praxis im Zaum halten

Eine weitere Bezeichnung für das Tantrayana ist „Geheimes Mantra". Wer Tantra praktiziert, sollte es auf einfache, bedachte Weise tun und die Praxis nicht zur Schau stellen. Das ist ein sehr wichtiger Aspekt, der vor allem in der Gelug-Tradition Lama Tsong Khapas betont wird. Es ist beispielsweise nicht erlaubt, die verschiedenen persönlichen Praxis-Gegenstände wie etwa die Gebetskette, Vajra und Glocke, Darstellungen tantrischer Gottheiten und so weiter jedermann zu zeigen. Ihr solltet solche esoterischen Dinge nicht der Öffentlichkeit preisgeben, auch wenn euer weltlicher Geist das gerne mit allem und jedem tun würde.

Wenn jemand nicht über die eigene Praxis spricht, so ist das also kein Zeichen von Geiz; wir wollen damit auch nicht andere daran hindern, diese Unterweisung kennen zu lernen. Tantra ist sehr tiefgründig und wenn ihr eure Praxis einfach haltet und bedacht vorgeht, werden sich Resultate einstellen; es werden sich Erfolge zeigen. Stellt man sie jedoch zur Schau, so verursacht das Ablenkung, und eure Praxis bleibt an der Oberfläche.

Im Tantra wird betont, dass alles vollkommen, glückselig und transzendent ist – und nicht negativ und schwierig. Macht euch von eurer verblendeten Haltung frei und verwandelt die

Verblendungen in kraftvolle, glückselige Weisheit, die der Pfad zur Befreiung ist. Natürlich ist es nicht so leicht, diese Vorstellung zu begreifen. Stellt euch vor, ihr würdet zu jemandem, der das nicht versteht, sagen: „Ich habe keine Angst vor dieser Verblendung; ich kann sie in den Pfad zur Befreiung umwandeln."

Die Person wäre schockiert! „Welche Art von Unterweisung des Buddha soll das sein?", würden sie fragen. „Das ist unmöglich. Verblendung bleibt Verblendung; Verblendungen sind das Gegenteil des Pfades zur Befreiung, das Gegenteil von Nirwana." Weil ihr lernt, wie man Weisheit und Methode geschickt anwendet, wisst ihr, dass es möglich ist. Aber gebt nicht mit eurer Praxis an, behaltet sie so weit wie möglich für euch.

Manchmal denken die Leute, sie könnten Gift in den Pfad verwandeln, weil sie diese kraftvolle tantrische Methode zur Verfügung haben; sie halten sich für Yoginis oder Yogis und denken, sie könnten alles tun. Tatsächlich meldet sich da nur das Ego zu Wort. Seid vorsichtig! Selbst wenn ihr ein wenig Kraft habt, solltet ihr aufpassen, welchen Einfluss ihr auf andere ausübt.

Die Übertragung der Praxis und das Mantra empfangen

Während dieses Kurses sollten wir alle so viel wie möglich versuchen zu praktizieren und die Dinge in die Tat umzusetzen. Das lohnt sich auf jeden Fall – wir sind wirklich vom Glück gesegnet. Zuerst werden wir uns mit der Schrift „Die Untrennbarkeit des Gurus von Chenrezig" beschäftigen. Wir werden Schritt für Schritt die einzelnen Stadien der Praxis durchgehen und jeweils die entsprechenden Meditationen üben. Jeden Tag werde ich ein neues Thema oder weitere Einzelheiten hinzufügen. Auf diese Weise wird der Kurs zu einer Meditationsklausur.

Bevor wir anfangen zu üben, muss ich euch – zusätzlich zur Initiation, die ihr bereits empfangen habt, – die mündliche Übertragung der Praxis (tib. *lung*) geben, indem ich den Text laut vorlese.

In der tibetisch-buddhistischen Tradition ist es nur dann erlaubt, tantrische Methoden an andere weiterzugeben, wenn solch eine Segensübertragung erteilt wird. Leiht sich jemand einfach das entsprechende Buch bei der Bibliothek aus und liest es, so geht nicht viel von dem Segen auf ihn über. Bei den Unterweisungen spielt der persönliche Kontakt eine große Rolle, nur dadurch werden sie real. Auch wird die Übung nicht nur durch bloße Worte zu etwas Realem. Die mündliche Übertragung ist etwas Essentielles. Sie macht die Lehren lebendig und hält sie am Leben. Ohne sie ist die Lehre einfach etwas Totes.

Ich werde jetzt die Schrift rezitieren. Hört einfach zu; das ist ausreichend. Ich werde euch auch das in dieser Praxis enthaltene Guru-Mantra übertragen. In diesem Fall ist es das Guru- oder Namens-Mantra von Seiner Heiligkeit, dem Dalai Lama, denn schließlich hat er den Text auf Bitten seiner Schüler hin verfasst.

Visualisiert die Silbe *HRIH,* die auf einem Lotus am Herzen von Guru Chenrezig steht. Sie ist umgeben von den Silben des Mantra. Visualisiert, wie ein zweites Mantra von diesem Herzens-Mantra ausgeht, aus meinem Mund austritt, in euren Mund eintritt und zu eurem Herzen hinabsinkt, wo sich ebenfalls ein Lotus befindet. Die Silben des Mantra stehen aufrecht im Kreis, im Uhrzeigersinn am Rande des Lotus. Stellt euch das dreimal vor. Beim dritten Mal wird das Mantra sehr kraftvoll, unzerstörbar; jetzt seid ihr vollständig mit Guru Chenrezig vereint.

OM AH GURU VAJRADHARA VAGINDRA SUMATI SHASANA DHARA SAMUDRA SHRI BHADRA SARVA SIDDHI HUM HUM.

Die tantrische Yoga-Methode von Chenrezig gehört zur Klasse des *Kriya–*, bzw. Handlungs-Tantras, der ersten der vier Klassen. Ihr dürft aber keinesfalls denken, diese Übung sei minderwertig oder nicht so wichtig – nur weil sie nicht der höchsten Ebene angehört. Ihr könntet euer ganzes Leben damit verbringen, nur diese Methode zu erforschen; sie ist äußerst tiefgründig. Wir können aber auch irgendwann einmal – falls sich die Gelegenheit bietet, bevor wir sterben – die *Mahaannuttara-* oder Höchste-Yoga-Methode von Chenrezig üben.

Zweiter Teil
Guruyoga

3 Wir brauchen jemanden, der uns den Weg zeigt

Ich möchte nun etwas über das Guruyoga sagen. Ich werde es einfach halten. Guruyoga wird nicht nur in der tibetischen Kultur praktiziert. Es hat weder dort seinen Ursprung, noch wurde es von tibetischen Lamas erfunden. Das Guruyoga stammt vom Buddha und wurde von ihm über Manjushri und Maitreya an Nagarjuna und andere indische Mahasiddhas und schließlich an die tibetischen Meister und an uns hier übermittelt.

Die gesamte Sadhana mit dem Titel „Die Untrennbarkeit des Gurus von Chenrezig" – vom Anfang bis zu dem Teil, in dem wir Chenrezig in unser Herzchakra aufnehmen und unser Körper, unsere Sprache und unser Geist eins mit Körper, Sprache und Geist von Guru Chenrezig werden – ist eine Guruyoga-Praxis.

Die Qualitäten des Guru

Der Sanskrit-Begriff „Guru" heißt wörtlich übersetzt „schwer"; denn der Meister ist schwer beladen mit Weisheitswissen. In der tibetischen Übersetzung wird das Wort zu „Lama". Im Mahayana-Buddhismus wird ganz genau erklärt, welche Qualitäten der Guru besitzen sollte. Hat der Guru wenige gute Eigenschaften, so wird auch der Schüler wenige gute Eigenschaften entwickeln. Wir halten die Qualitäten des Guru für sehr wichtig. Er oder sie sollte zumindest Geduld, Weisheit, Mitgefühl und einen friedlichen Geist haben. Sind dem Guru seine eigenen samsarischen Vergnügungen wichtiger als das Wohlergehen der fühlenden Wesen, so ist das sehr gefährlich. Übt der Guru kein reines ethisches Verhalten, so ist er zudem nicht in der Lage, seine Schüler zu segnen, beziehungsweise ihnen Energie zu geben und sie zu reinem ethischen Verhalten zu führen – daran kann er gar nichts ändern. Es ist wie bei schmutzigem Wasser: Sind Körper, Rede und Geist des Guru nicht sauber, so kann man keine klare Wiederspiegelung sehen.

Im Westen ist die Vorstellung, dass man den Guru prüft und seine Qualitäten untersucht, schwer verständlich. Ihr mögt Aufregung, neue Dinge, neue Geschmäcker und langweilt euch leicht, wenn es undramatisch zugeht. Ihr wollt den Dingen nicht unbedingt auf den Grund gehen, unter die Oberfläche sehen, die Wirklichkeit einer Person oder Sache ergründen. Das wäre aber sehr wichtig – und das sage ich nicht nur zum Spaß.

Stellt euch beispielsweise vor, ihr wäret Tourist in Queensland und hättet keine Ahnung, wo ihr einkaufen könnt, an welchen Strand ihr gehen und wo ihr euch amüsieren könntet. Ihr braucht einen Führer, nicht wahr? Und den müsst ihr sorgfältig auswählen. Möglicherweise erscheint euch der Führer, den ihr fragen möchtet, irgendwie seltsam. Ihr denkt: „Vielleicht führt mich dieser Mensch in eine Einöde, vielleicht will er mir sogar etwas antun." Euch kommen alle möglichen Einfälle, und dann sagt ihr ihm, dass ihr ihn leider nicht braucht.

In solch einer Situation geht es aber eigentlich nicht um besonders viel. Ihr seid schon unzählige Leben lang in Queensland gewesen – als Hund, Känguru, Vogel, Kuh. Unzählige

Leben lang habt ihr die Umgebung von Queensland bereits erfahren, aber trotzdem braucht ihr noch einen Führer. Wollt ihr aber einen vollkommen neuen Pfad beschreiten, einen Pfad, auf dem ihr noch nie zuvor gegangen seid, von dem ihr noch nicht einmal geträumt habt – den Pfad zum vollkommenen Erwachen –, dann ist das etwas völlig anderes. Dazu braucht ihr einen vollkommenen Führer, jemanden, dem ihr vertrauen könnt, ansonsten wird es nicht nur schwierig, sondern sogar gefährlich.

Ihr müsst also vernünftig sein und den Lehrer prüfen und euch nicht – wie ein tibetisches Sprichwort beschreibt – wie ein Narr verhalten, dessen Natur wie Wasser ist. Wasser hat nichts Festes, es fließt in jede Richtung, in die man es leitet. So sollten wir nicht sein. Wir haben auch eine noch einfachere Veranschaulichung: Wenn ein Hund Leber sieht, zaudert er nicht – er verschlingt sie sofort.

So sollte sich die Beziehung zwischen Guru und Schüler nicht gestalten. Bewahrt euch eine gewisse Skepsis. Glaubt ihr nicht auch, dass das wichtig ist? Es gibt ja unglaublich viele Religionen, Ideen und Philosophien in der Welt. Am Anfang wisst ihr nicht genau, was richtig und was falsch ist, deshalb müsst ihr unterscheidende Weisheit entwickeln.

Die Qualifikationen, die ich bisher genannt habe – Geduld, Mitgefühl, Weisheit – sind die Voraussetzungen, die ein Guru auf jeden Fall mitbringen sollte, um Schüler auf dem Sutra-Pfad leiten zu können. Ein tantrischer Guru sollte darüber hinaus die Eigenschaften der verschiedenen Gottheiten und deren Mandalas kennen und die Einweihungen erhalten haben.

Diese Qualifikationen findet man selten. Ich besitze nicht die rechte Qualifikation, deshalb sind meine Unterweisungen von minderer Qualität. Prüft also genau!

Es ist besser, eine gewisse Skepsis zu bewahren und die Dinge abzuwägen, als zu emotional zu reagieren und alles anzunehmen. Natürlich braucht man nicht so skeptisch sein, dass man sich dauernd aufregt; aber man sollte mit Vernunft zwischen Falsch und Richtig unterscheiden können.

Die Untrennbarkeit des Gurus von Chenrezig

Im Hinayana gibt es keine Guruyoga-Übung, bei der man Guru und Chenrezig als Einheit ansieht. Der tibetische Titel der vorliegenden Schrift lautet: *La ma d'ang chen re zig yer me kyi nel jor ngo drub kun jung she ja wa,* auf Deutsch: „Die Untrennbarkeit des Gurus von Chenrezig: Eine Quelle aller kraftvollen Verwirklichungen". Das Wort *yer me,* das wir hier mit „Untrennbarkeit" übersetzt haben, bedeutet auch „Einheit". Es soll besagen, dass es, abgesehen vom Guru, kein Mitgefühl und keine Weisheit des göttlichen Chenrezig gibt.

Eigentlich ist Guru Chenrezig – die Untrennbarkeit des Gurus von Chenrezig – die Manifestation von Guru Shakyamuni Buddha. Man kann das ohne weiteres so sagen. Bevor er diese Erde verließ, versprach Buddha, dass sein alles-durchdringendes Bewusstsein des universellen Mitgefühls und der universellen Weisheit weiterhin mithilfe der Gurus wirken würde.

Indem wir Guruyoga praktizieren und die positiven Eigenschaften des Guru in ihrer Vollkommenheit sehen, können wir unsere negativen Wahrnehmungen überwinden. Die meiste Zeit über denkt unser menschlicher Geist: „Ich bin ein Mensch und bin so geartet. Er ist ein Mensch, also muss er so sein wie ich." Diese Vorstellung ist falsch. Durch die Guruyoga-Praxis lernen wir zu verstehen, dass der Guru in Wirklichkeit untrennbar von der Weisheit und dem Mitgefühl von Chenrezig ist. Danach beginnen wir zu begreifen, dass auch wir selbst untrennbar von diesen Qualitäten sind.

Mit anderen Worten: Guruyoga gibt euch die nötige Inspiration, damit ihr euer eigenes menschliches Potential entwickeln könnt. Wenn ihr jemanden mit so viel positiver Energie, so viel Mitgefühl und Weisheit seht, so hinterlässt das einen starken Einfluss bei euch; ihr möchtet auch so werden. Ihr habt das gleiche Potential, es muss nur aktiviert werden.

Es ist so ähnlich, als würde euer Freund ein schönes neues Auto kaufen. Wenn ihr dann seht, welche Freude er daran hat, gibt euch das Energie, euch auch so ein Auto zu besorgen. Das versteht ihr doch, oder? Das ist ein gutes Beispiel. Nimmt man solch kraftvolle gute Eigenschaften wie Großes Mitgefühl und Weisheit in einem Menschen wahr und erkennt, dass es die Möglichkeit eines immer währenden Glückszustandes gibt, so denkt man mit Sicherheit: „Warum nicht das, an Stelle der Verwirrung?" So ein Zustand lässt sich erreichen und zwar nicht nur für einen selbst, sondern um allen Lebewesen dieses Universums zu helfen.

Wir sprechen von Einheit, Gleichheit, Gleichmut: Doch wie können wir diese Eigenschaften erlangen? Durch Guruyoga; das ist genau die richtige Methode. Guruyoga ist ausgesprochen wichtig. Bemüht euch, noch mehr darüber zu erfahren, wie man es praktiziert und welches die Qualitäten des Guru sind. Es gibt viele Bücher über dieses Thema; studiert sie und praktiziert vor allem diese Übung von Seiner Heiligkeit.

4 Mitgefühl: Das Herz des Weges

Die Schrift beginnt folgendermaßen:

Verehrung Chenreziga[1]), meinem Guru,
Der vollmondgleichen Essenz des weiten Mitgefühls der Buddhas,
Dem strahlend weißen Nektar ihrer all-inspirierenden Kraft.

Ich werde nun allen Wesen die Standardpraxis dieses tiefgründigen Yoga übermitteln.

Die Wurzel jeder Inspiration und der kraftvollen Verwirklichungen (siddhis) ist einzig und allein der Guru. So wurde der Guru in Sutra und Tantra mehr als einmal gepriesen. Er ist von grundlegender Bedeutung, denn die Grundlage für das Erreichen immer währenden Glücks bittet ihn, den unverfälschten Pfad zu lehren. Indem man ihn als untrennbar von der speziellen Meditationsgottheit ansieht, zu der man sich hingezogen fühlt, sollte man die beiden als eines visualisieren.

Die Lebendigkeit der Mahayana-Tradition stammt vom Mitgefühl, der Liebe und dem altruistischen Wunsch die Erleuchtung zu erlangen, um allen anderen Wesen wirksam helfen zu können, sich von ihren Leiden zu befreien. Auf allen Entwick-

lungsstufen wird die Wichtigkeit des Mitgefühls hervorgehoben. Möchtet ihr daher Chenrezig, die Meditationsgottheit des Mitgefühls, mit eurem eigenen Wurzel-Guru in Verbindung bringen, so richtet zunächst an einem geeigneten Ort Opfergaben her. Nehmt auf einem bequemen Sitz Platz, erzeugt einen tugendhaften Geisteszustand und nehmt dann Zuflucht, entwickelt die Motivation des Erleuchtungsgeistes und meditiert über die Vier Unermesslichen Gedanken.

Auf wiederholtes Bitten einiger seiner Schüler hin, schrieb der Dalai Lama diese Yoga-Methode über die Untrennbarkeit seiner selbst und Chenrezig, als er ungefähr neunzehn war. Wie ihr sicherlich wisst, glauben die Tibeter, dass der Dalai Lama eine Verkörperung von Chenrezig, dem Buddha des Mitgefühls ist. Dalai Lama zu sein, ist keineswegs so, als wäre man Präsident irgend eines Landes oder ein mächtiger Herrscher, den die Leute als Gott betrachten. Wenn ihr die Biografie Seiner Heiligkeit lest, erfahrt ihr, wie er gefunden und dann als Dalai Lama anerkannt wurde. Es ist kaum vorstellbar, welch unglaubliche Dinge sich dabei ereigneten.

Die Schrift beginnt mit einer kurzen Einführung, die von einem Lobpreis an Guru Chenrezig eingeleitet wird. Spricht man vom Guru, der untrennbar von Chenrezig ist, so nennt man ihn „vollmondgleiche Essenz des Mitgefühls aller Buddhas". Wenn hier der Vollmond erwähnt wird, so weist das auf etwas vollkommen Entwickeltes hin. Das Mitgefühl aller erhabenen Wesen der zehn Richtungen wird in der göttlichen Gestalt von Guru Chenrezig gesammelt bzw. zum Ausdruck gebracht. Diese Gestalt wird gleichzeitig als gesegneter *Amrita,* Nektar, bezeichnet.

Seine Heiligkeit sagt daraufhin, dass jegliche Verwirklichung vom Guru abhängt – Buddha erklärt dies in seinen Sutra- und Tantra-Unterweisungen –, und zwar insbesondere vom eigenen Guru. Mit dem Verständnis, dass der eigene Guru eins mit Chenrezig ist, bitten wir ihn, uns den vollkommenen Pfad fehlerfrei zu lehren. Die Wurzel aller höheren Verwirklichungen ist der spirituelle Meister.

Natürlich ist der Guru nicht nur Chenrezig – in der Schrift Seiner Heiligkeit ist das impliziert – er kann auch jede andere Gottheit sein. Es gibt viele verschiedene Manifestationen von Guru und Gottheit, damit die unterschiedlichen fühlenden Wesen das jeweils Passende für sich finden können.

Bodhichitta: Das Herz des Mahayana

Im nächsten Abschnitt bezeichnet Seine Heiligkeit liebende Güte und Bodhichitta als eigentliche Herzstücke des *Mahayana*. Darauf sollten wir größten Wert legen. Er sagt, diese Einstellungen seien wichtig, und zwar nicht nur an ein oder zwei Stellen, sondern am Anfang, in der Mitte und am Ende des Pfades. Bodhichitta und liebende Güte werden in allen Stadien der spirituellen Entwicklung betont.

Betrachten wir einmal, warum sie am Anfang so wichtig sind. Haben wir keine liebende Güte und kein Bodhichitta, können wir nicht den Wunsch und die nötige Begeisterung entwickeln, um uns auf den Pfad zur Erleuchtung zum Wohle aller Lebewesen zu begeben. Außerdem stammt auch die Inspiration und die Energie, die wir brauchen, um auf dem Pfad zu bleiben und ihn zu verwirklichen, von liebender Güte und Bodhichitta.

Wir sind faul. Wir schlafen manchmal während der Meditation ein, nicht wahr? Der Grund für diese Faulheit ist unser Mangel an Mitgefühl für andere. Wollten wir anderen wirklich helfen, so wären wir immer beschäftigt, wobei das allerdings nicht immer körperliche Aktivität beinhalten muss. Es ist allerdings eine große Verschwendung, wenn wir nichts mit dieser kostbaren Wiedergeburt als Mensch anfangen. Wir haben keine Energie für die Meditation oder für die Arbeit im Dienst der anderen, da wir nicht verstehen, dass das Potential für Erleuchtung gleichermaßen in allen Lebewesen dieses Universums existiert. Versteht ihr das, so stellt sich Selbstvertrauen ein und ihr fühlt euch inspiriert. Dann spürt ihr, dass ihr wirklich jemand seid. Und das ist tatsächlich so. Statt immer woanders nach etwas Kostbarem zu suchen, gilt es zu erkennen, dass euer eigenes Wesen kostbar ist. Ihr selbst seid der Juwel.

Warum sind Bodhichitta und liebende Güte so wichtig – bis hin zu dem Punkt, an dem wir die Erleuchtung erlangen? Seid ihr beispielsweise in Samsara erfolgreich, so vergesst ihr die Leiden der anderen Lebewesen vollkommen. Ihr vergnügt euch – beim Schlafen, beim Essen und indem ihr eure Sinne auf andere Weise berauscht. Ihr vergesst die anderen fühlenden Wesen. Das liegt in der Natur der Anhaftung. Erlangt ihr die Buddhaschaft, die Erleuchtung, so seid ihr dagegen ganz und gar vom Mitgefühl für andere erfüllt. Das Mitgefühl des Buddha ist so, dass es ihn erbeben lässt. Es gibt viele Billionen Manifestationen des Buddha; sie alle wirken zum Wohlergehen der Lebewesen dieses Universums.

An früherer Stelle habe ich über Nirwana gesprochen. Den Mahayana-Lehren zufolge sollten jene, die tantrisches Yoga verwirklichen wollen, das Nirwana vermeiden. Stellt euch vor, jemand sage zu euch: „Du brauchst dir über nichts Sorgen zu machen. Setze dich einfach hin und tue überhaupt nichts. Dadurch wirst du alles bekommen, es ist fantastisch. Du brauchst gar nichts zu tun, du brauchst anderen nicht zu helfen." Oder es wird euch die andere Möglichkeit präsentiert: „Es ist zwar schwierig, aber du kannst anderen Gutes tun." Was würdet ihr wählen? Würdet ihr euch dafür entscheiden, euch zu amüsieren oder dafür, anderen zu helfen, obwohl es schwierig ist?

Dem Paramita- und Tantrayana zufolge ist der Wunsch, Nirwana, die Selbstverwirklichung, zu erreichen, eine vergleichsweise verblendete Einstellung. Warum? Weil ihr, wenn ihr Nirwana erreicht, über das Ego hinausgeht und einen Zustand von Frieden und Glückseligkeit erreicht, der euch vollkommen berauscht.

Es ist so, als würde eine Person, die monatelang unter Hunger gelitten hat, plötzlich köstliche Nahrung bekommen und sich vollkommen überwältigt davon fühlen. Das ist etwas ganz Natürliches. Diejenigen, die das Nirwana erreichen, verweilen Weltzeitalter lang in dieser glückseligen Sammlung – sie haben nicht genug liebende Güte, nicht genug Großes Mitgefühl.

Daher ist die Verwirklichung des Bodhichitta während der ganzen Reise zur Erleuchtung von primärer Bedeutung.

Zuflucht und Bodhichitta

Zufluchtnahme

Namo Gurubhyah	Ich nehme Zuflucht zum spirituellen Meister.
Namo Buddhaya	Ich nehme Zuflucht zum Erwachten.
Namo Dharmaya	Ich nehme Zuflucht zu seiner Wahrheit.
Namo Sanghaya	Ich nehme Zuflucht zu jenen, die den spirituellen Weg gehen.

Die Entwicklung des Erleuchtungsgeistes

Zum erhabenen Erwachten, seiner Wahrheit und der spirituellen Gemeinschaft
Nehme ich Zuflucht bis zur Erleuchtung.

Durch die Verdienste, die ich durch Großzügigkeit und die anderen Paramitas ansammle,
Möge ich zum Wohle aller Wesen die Buddhaschaft erreichen.

Die Vier Unermesslichen Gedanken

Mögen alle Wesen Glück erfahren und die Ursachen von Glück.
Mögen alle Wesen frei sein von Leid und den Ursachen des Leids.
Mögen alle Wesen für immer die Freude der Befreiung erfahren.
Mögen alle Wesen in Gleichmut verweilen, ohne Anhaftung und Feindseligkeit.

In der Schrift geht es dann folgendermaßen weiter: Wenn man sich mit dem Wurzel-Guru – der einem anfangs den rechten Weg gewiesen hat und der auch Chenrezig ist – vereinen möchte, so sollte man Opfergaben besorgen und sie schön auf dem Altar herrichten. Dann sollte man sich auf einem bequemen Sitz niederlassen, der hinten etwas erhöht ist, und mit der besonderen Bodhichitta-Einstellung Zuflucht nehmen, die Motivation des Erleuchtungsgeists entwickeln und das Gebet der Vier Unermesslichen Gedanken rezitieren. Das ist die vorbereitende Meditation.

Den Ort segnen

Möge die Erdoberfläche ringsum
Makellos und rein sein, ohne jede Unebenheit, ohne jeden Fehler.
Möge sie so eben sein wie die Fläche einer weichen Kinderhand,
So natürlich glatt wie Lapislazuli.[2])

Als Nächstes kommt die Segnung bzw. Reinigung des Ortes, an dem wir uns aufhalten. Statt unsere Umgebung als etwas Schweres, Konkretes wahrzunehmen, sollten wir sie als Paradies von Chenrezig sehen, als sein Mandala, als Manifestation seiner göttlichen Mitgefühls-Weisheit, die ganz aus strahlendem Licht besteht.

Wenn wir hier von einem Paradies, vom heiligen Platz der Gottheit, vom Mandala sprechen, sollten wir uns nicht vorstellen, es existiere auf materielle Weise irgendwo da draußen. Die göttliche glückselige Weisheit und das Mitgefühl Chenrezigs manifestieren sich als Mandala.

Stellen wir uns einmal einen Park mit wunderschönen Blumen vor, die dekorativ angeordnet sind. Die Person, die den Park entwarf, dachte zunächst: „Diese Blumen sollten wir hierin pflanzen, die anderen dorthin ..." Bevor die Blumen dort erschienen, hatte sie der Gärtner dort visualisiert. Wo wäre also dieser schöne Park ohne die Vorstellungskraft, ohne den Geist? Wo wären die Dinge?

Auch ein Hausbau ist ein gutes Beispiel. Ihr geht zu einem Architekten und sagt: „Ich habe ein paar Ideen, können Sie sie für mich umsetzen und ein Haus für mich planen?" Der Architekt stellt sich dann alles vor, visualisiert es – er entwickelt seine Projektion. Zuerst existiert das Haus im Geist des Architekten, dann wird es allmählich zu einer materiellen Realität.

Genauso ist es mit dem Chenrezig-Mandala. Wenn ihr den Prozess versteht, könnt ihr sehen, dass all die fantastischen Dinge, die darin vorkommen, Manifestationen geistiger Energie sind. Alles ist eine Transformation der Energie des Geistes.

Wenn ihr mit dieser Erkenntnis das Chenrezig-Mandala visualisiert, wird euer Geist automatisch transzendent. Ist eure Wahrnehmung der Wirklichkeit von Schönheit durchdrungen, so wird diese Vision, diese Sichtweise eure Wirklichkeit. Alles strahlt. So könnt ihr verstehen, dass das Paradies, der heilige Platz der Gottheit, nicht irgendwo in der äußeren Welt existiert. Es ist eine Manifestation göttlicher Weisheit, reine Energie, die in Schönheit verwandelt wurde.

Die Opfergaben segnen

Mögen die materiellen Opfergaben der Götter[3]) und Menschen,
Jene, die vor mir stehen, und jene, die vorgestellt sind,
Wie eine Wolke der einzigartigen Gaben von Samantabhadra[4])
Die gesamte Weite des Raumes erfüllen.

OM NAMO BHAGAVATE, VAJRA SARA PRAMARDANE TATHAGATAYA, ARHATE SAMYAK SAMBUDDHAYA, TADYATHA, OM VAJRE VAJRE, MAHA VAJRA, MAHA TEJA VAJRE, MAHA VIDYA VAJRE, MAHA BODHICHITTA VAJRE, MAHA BODHI MANDO PASAM KRAMANA VAJRE, SARVA KARMA AVARANA VISHO DHANA VAJRE SOHA.

Durch die Kraft der Wahrheit der Drei Juwelen,
Durch den Segen aller Buddhas und Bodhisattvas,
Durch die Macht der Buddhas, die die beiden Ansammlungen von Verdienst und Weisheit vollendet haben,
Durch die Macht der Leerheit, unfassbar und rein,
Mögen alle diese Gaben hiermit in ihre eigentliche Natur der Leerheit verwandelt werden.

Nun segnen wir die verschiedenen Gaben. Opfergaben darzubringen ist nicht nur eine Tradition oder eine Gepflogenheit; wir machen das auch nicht nur, damit alles schön aussieht, sondern weil es uns hilft, Geiz zu überwinden. Gaben darzubringen ist eine geistige Methode, um uns von Fesseln zu befreien; es ist der Pfad zur Befreiung.

Betrachten wir einmal das Wasser in den Opferschalen auf diesem Altar. Manchmal denken die Menschen aus dem Westen, Wasser darzubringen sei albern. „Ich sollte Schokolade darbringen", denkt ihr, „ich fühle mich schuldig. Ich esse dauernd Schokolade, aber dem Buddha bringe ich nur Wasser dar." Tatsächlich ist es aber viel besser, Wasser darzubringen als Schokolade – denn wenn ihr Schokolade darbringt, bebt ihr innerlich vor Anhaftung, und euer Geist ist nicht frei.

Wasser darbringen ist überaus nützlich. Es hat die Eigenschaft aller Juwelen. Sauberes Wasser ohne eine Spur von Geiz darzubringen, ist eine sehr kraftvolle Methode, besonders wenn ihr es segnet. Erinnert ihr euch an die Geschichte von den drei Wesen, die ein Glas Flüssigkeit betrachten? Wir sehen nur Wasser, doch wenn wir es segnen und als glückseligen Nektar von der Natur des göttlichen, universellen Mitgefühls von Chenrezig visualisieren, der Licht ausstrahlt, dann wird es zu Nektar. So kann euch jedes Objekt – was immer euch erscheint, alles Existierende – eine glückselige Erfahrung vermitteln, statt einer erbärmlichen. Auf diese Weise wird das einfache Darbringen von Wasser zu etwas äußerst Positivem.

5 Guru Chenrezig visualisieren

Im Raum des Dharmakaya der großen spontanen Glückseligkeit...

Im nächsten Teil der Sadhana geht es um die Visualisierung des Guru, des spirituellen Meisters.

Auf Tibetisch heißt es: *de chen lhun drub cho ku kha ying,* eine Aneinanderreihung einfacher, kurzer Wörter – das Thema ist jedoch sehr tiefgründig. Wir könnten Monate, ja sogar Jahre damit verbringen, nur diesen Satz zu erklären. Aber an dieser Stelle lässt sich die Bedeutung sicherlich ein wenig zusammenfassen.

De bedeutet „Freude" oder „Glückseligkeit"; *chen* bedeutet „groß". *De chen* bedeutet demzufolge „große Freude" oder „große Glückseligkeit". *Lhun drub* bedeutet „spontan existierend", „ohne Ursache", „mühelos". *Cho ku* heißt „Wahrheitskörper", auf Sanskrit „Dharmakaya". *Kha ying* bedeutet „Raum" oder „Himmel".

Man könnte sagen, dass es sich hier um die Visualisierung des Entwicklungsprozesses eines erleuchteten Wesens handelt, der Entwicklung und Geburt eines Buddha. Könnt ihr das verstehen, so begreift ihr auch eure eigene Entwicklung.

An früherer Stelle habe ich schon ein wenig über Leerheit gesprochen. Wer die Leerheit nicht erkennt, hat auch Schwierigkeiten *de chen lhun drub* zu erfassen. Die Wörter *de chen* und *lhun drub* beschreiben die Eigenschaften des Dharmakaya. Der Dharmakaya ist von der Natur immer währender, ewiger Freude, der größtmöglichen Glückseligkeit; er ist das letztendliche Resultat, die Einheit vollkommener Weisheit und vollkommener Methode.

Geht ihr mit eurem Bewusstsein nicht über die relativen, weltlichen Gedankengänge hinaus, so könnt ihr die transzendente Glückseligkeit nicht erfahren. Visualisiert ihr dagegen den Dharmakaya mit einem Verständnis der Natur der Wirklichkeit, der Leerheit, erfahrt ihr automatisch Glückseligkeit. Eine Erfahrung der transzendenten Glückseligkeit basiert also immer auf einer Verwirklichung der Weisheit; erst damit könnt ihr über eure gewöhnlichen Gedankengänge, eure gewöhnliche Vorstellungswelt hinausgelangen. So ist es möglich!

Seid ihr durch und durch bewusst, während ihr beispielsweise einen schönen Lotus anschaut, so erfahrt ihr eine Art Erwachen. Wenn eure Sinne in Kontakt mit der Blume sind, wird eine bestimmte Energie ganz automatisch in eurem Geist aktiviert, und es stellt sich ein gutes Gefühl ein. Probiert es einmal aus. Wenn ihr euch einmal etwas umnebelt oder dumpf fühlt, schaut eine Blume an und achtet darauf, was geschieht. Ganz automatisch stellt sich Freude ein. Das ist doch ganz natürlich, oder? Auch wenn eine Freundin oder ein Freund euch über eine angenehme Erfahrung berichtet, so gibt euch das automatisch Energie und ihr werdet ganz aufgeregt – nur vom Zuhören.

Genauso ist es, wenn ihr Chenrezig visualisiert. Indem euer Geist eine reine, göttliche Vision erschafft, die jenseits von gewöhnlichen Vorstellungen liegt, steigt ihr automatisch in einen glückseligen Raum empor. Euch fließt eine ganze Menge

Energie zu. Das könnt ihr für euch selbst entdecken. Wenn man eine Gottheit visualisiert, so hinterlässt das einen tiefen Eindruck in eurem Geist, einen Eindruck immer währender Freiheit und Freude. Automatisch verschwindet jegliche negative Energie und alle Befleckungen aus eurem Geist – so wie die Dunkelheit verschwindet, wenn ihr das Licht einschaltet. Das hat eine sehr tiefgründige Bedeutung.

Visualisierungen sind etwas sehr Kraftvolles. Es handelt sich um einen wissenschaftlich nachvollziehbaren Prozess, nicht nur um etwas Religiöses, an das ihr einfach nur glauben müsst. Glaubt nicht einfach nur; handelt – dann wird sich das Resultat einstellen. Das ist alles. Da man Intelligenz und eine gute Auffassungsgabe braucht, um diese Übungen auszuführen, gelingt sie allerdings jenen nicht, deren Geist völlig mit weltlichen Gedanken angefüllt ist. Jene, die den Pfad zur Erleuchtung, Methode und Weisheit, verstehen, können sie dagegen leicht verwirklichen. Das steht außer Zweifel.

Wenn ihr mit der Visualisierung beginnt, solltet ihr daher gleich von Anfang an verstehen, dass Guru Chenrezig von der Natur des Dharmakaya ist – und nicht materielle Formen visualisieren, was der gewöhnlichen Vorstellungswelt entspräche. Chenrezig ist der Dharmakaya, der in eine solch göttliche Form transformiert wurde. Versteht ihr das, stellt sich automatisch eine transzendente Erfahrung ein.

Die absolute Natur des Dharmakaya

Warum existiert der Dharmakaya von Natur aus spontan und mühelos und hat weder Anfang noch Ende? Zum einen erklärt sich das daraus, dass der Dharmakya nicht von Ursachen abhängt – er funktioniert nicht wie andere Dinge: Dieses Ding ist gemacht; dieses kommt; jenes endet. Der Dharmakaya ist dagegen eine fundamentale Wirklichkeit in allen Lebewesen. Auch Fische und Hühner besitzen die absolute Natur des Dharmakaya. Es gibt keinen Unterschied zwischen der absoluten Natur des Hühner-Geistes und der absoluten Natur von Chenrezig. Nur unser dualistischer Geist macht solche Unterschiede: „Oh, der Dharmakaya ist etwas Besonderes, etwas Absolutes. Mein Geist hat diese absolute Natur nicht." Das ist eine falsche Vorstellung. Die absolute Natur unseres eigenen Bewusstseins ist schon völlig vereint mit der Natur des Dharmakaya. Es handelt sich nur darum, das zu erkennen.

Die Qualität des Dharmakaya – oder auch der absoluten Natur, des Buddha, des höheren Bewusstseins, Gottes – ist die Qualität, die in eurem Bewusstsein existiert. Im Augenblick wirkt alles dualistisch, getrennt, doch wenn sich unser Verständnis vertieft, erscheint der Dharmakaya im Spiegel unseres Bewusstseins. Es ist so ähnlich wie beim Fernsehen: Die Bilder sind immer da, aber sie erscheinen unserem Bewusstsein nur, wenn wir den Fernseher einschalten. Genau so ist der Dharmakaya: Er ist immer da. Ihr erschafft ihn nicht, doch wenn ihr ihn versteht, erscheint er. Daher nennen wir ihn *lhun drub:* mühelos, spontan. Eigentlich ist das sehr einfach.

Stellt euch vor, der Himmel sei dunkel und wolkig und euer anhaftender Geist denke: „Heute ist das Wetter einfach zu schlecht, ich will, dass die Sonne scheint." Mit dem richtigen Verständnis ist euch bewusst, dass sich die grundlegende Natur des Himmels nie verändert. Egal ob es sonnig oder bewölkt ist, die Natur des Himmels bleibt gleich. Wie der Himmel aussieht, ist temporär. Die Wolken verändern die grundlegende Natur des Himmels nicht.

Unsere Verblendungen sind wie die Wolken; auch sie können die Wirklichkeit unseres Bewusstseins nicht verändern. Diese Wirklichkeit ist immer da. Die Verblendungen verdecken sie nur zeitweilig, das ist alles. Wenn ihr verschiedene Kleidungsstücke tragt, verändert sich dadurch euer Körper schließlich auch nicht. Die Wirklichkeit des Körpers verändert sich nicht durch das Tragen verschiedener Kleidungsstücke. Auch durch Schminke ändert sich die Wirklichkeit eurer Schönheit nicht. Eure Wirklichkeit ist immer da, mit oder ohne Make-up.

Die Schöpfung, alles, was ihr seid, ist schon in euch. Niemand kommt daher und schafft mit Gewalt etwas Zusätzliches, was über das hinausgeht, was ihr schon seid. Auch ihr habt diese tiefere Wirklichkeit nicht erschaffen. Die absolute Wirklichkeit eures Bewusstseins kann sich nicht verändern. Selbst wenn ihr euch in relativer Hinsicht verändert, so gleicht auch das nur den Wolken, die einmal da- und einmal dorthin geblasen werden. Die absolute Qualität eures Geistes ist immer da – so wie der Raum.

Wie ihr seht, brauchen wir sehr viel Reinigung, um den Dharmakaya, das Klare Licht zu erkennen. Ihr müsst euer Bewusstsein so weit wie möglich klären, dann erscheint der Dharmakaya. Ihr braucht nicht versuchen, krampfhaft danach zu greifen: „Der Dharmakaya ist irgendwo; ich muss ihn finden." Er ist da, er ist immer bei dir. Ihr müsst ihn einfach nur sehen, das ist alles. Im Tantra finden wir folgende Veranschaulichung: Der Dharmakaya ist wie der Himmel und die göttliche Form von Chenrezig ist wie ein Regenbogen. Der raumgleiche Dharmakaya, der formlos und von der Natur der Glückseligkeit ist, verwandelt sich in den glückseligen, weiß-strahlenden Lichtkörper von Chenrezig, in einen Regenbogenkörper.

Westliche Menschen mögen Regenbögen – ich habe das überprüft. Wenn ihr einen Regenbogen seht, freut ihr euch. „Oh, da ist ein Regenbogen! Ist er nicht schön!" Auch das hat nichts mit Religion zu tun. Alle fühlenden Wesen dieses Universums empfinden es als sehr angenehm, wenn ihre Sinneswahrnehmungen in Kontakt mit einem Regenbogen kommen. Das zeigt, welche Kraft Visualisierungen haben können.

Immer wenn ihr den glückseligen Dharmakaya visualisiert, führt ihr damit eurem Bewusstsein unglaublich viel Energie zu, ihr verspürt tiefe Befriedigung, und ein kraftvoller Eindruck wird in eurem Bewusstsein hinterlassen. Jedes Mal, wenn ihr diese Art Zufriedenheit erfahrt, verschwindet die Unzufriedenheit, die euch unglücklich macht. Das ist die Methode, mit der ihr Unzufriedenheit durchschneidet oder bereinigt.

Macht ihr euch diese Methode zueigen, erkennt ihr, dass Zufriedenheit von der Energie eures eigenen Geistes stammt und nie enden muss, denn schließlich hängt sie von nichts Äußerem ab. Meistens sind unser Vergnügen und unser Glück abhängig von vergänglichen Bedingungen wie etwa dem Strand oder Schokolade. Doch diese Schokolade, euer glückseliger Dharmakaya, ist immer da. Ganz egal, wo ihr seid, im Himmel, auf der Erde, im Badezimmer – er ist immer bei euch. Euer Geist ist von der Natur des Dharmakaya; das Problem ist nur, dass er bedeckt ist, verdunkelt. Ihr schaut hier- und dorthin, doch ihr könnt ihn nicht finden. Und wenn ihr traurig seid, weil ihr ihn nicht findet, denkt ihr: „Vielleicht gibt mir der Lama den Dharmakaya." Niemand kann euch den Dharmakaya geben. Er ist immer bei euch; er ist immer bei allen; wir müssen ihn nur erkennen – das ist alles.

Wir sollten uns vor allen Lebewesen dieses Universums niederwerfen, denn schließlich existiert der absolute Dharmakaya in ihnen allen.

Der Schutz der Buddhas

Inmitten der Wolken ausgezeichneter Opfergaben,
Auf einem leuchtenden, juwelenbesetzten Thron, der von acht Schneelöwen[5]) gestützt wird, …

Als Nächstes erscheint ein kostbarer Thron, der von Schneelöwen getragen wird und Licht ausstrahlt. Die Schneelöwen stehen für die Kraft der Verwirklichungen der Buddhas; sie schützen vor Schaden jeglicher Art. Die Praxis einer Guruyoga-Methode wie dieser schützt uns vor böswilligen Wesen. In der Tat kann uns die Macht der Weisheit des Guru vor den Schwingungen der Sonne, des Mondes, der Sterne, des Wassers, der Erde und allem anderen beschützen.

Dieser Schutz ist beachtlich. Es kommt zum Beispiel vor, dass bestimmte Arten von fühlenden Wesen andere besetzen und sie zu äußerst seltsamem Verhalten veranlassen. Geschieht das auch im Westen? Tibet hat eine lange Geschichte solcher Ereignisse.

Diese Wesen entwickeln aus ganz unterschiedlichen Gründen den Wunsch, Schaden zu stiften. Es könnte zum Beispiel vorkommen, dass sich eine verheiratete Frau mit einem anderen Mann zusammentut und ihr wütender Ehemann ihr gerne weh tun würde, aber auf Grund der Umstände im gleichen Leben nicht dazu kommt. Wenn er stirbt, könnte er als mächtiger Dämon wieder geboren werden, in sie eintreten und sie völlig besetzen. Könnt ihr euch das vorstellen? So etwas kann tatsächlich passieren.

Diese Art von Besessenheit ist sehr gefährlich und sehr schwer unter Kontrolle zu bringen. Man kann solch einer Wesenheit nicht davonlaufen, denn sie ist ja formlos; sobald sie in jemanden eintreten möchte, kann sie das tun. Falls euch so etwas geschieht, wird euer Körper fast zu ihrem Körper. Sie ergreift vollkommen Besitz von euch. Sie spricht durch euch, bringt euch dazu, das zu tun, was sie will. Tag und Nacht leidet ihr und könnt nicht einmal schlafen.

Dieses Wesen hat eine negative Macht, die von unglaublich starker Anhaftung herrührt. Aber das Ganze ist nicht nur der Fehler dieser Wesenheit, wir sollten nicht nur ihr die Schuld an der Situation zuschieben und sagen: „Sie ist so schlecht." Die Person, die besessen ist, hat auch das Karma für dieses Geschehen geschaffen. Karma funktioniert so: Wenn ihr nicht ins Feuer greift, verbrennt ihr euch auch nicht. Ich führe immer dieses Beispiel an, weil es so einfach ist. Fasst ihr nicht hinein, gibt es keinerlei Reaktion. Tut ihr es, rennt ihr dagegen ins Unglück.

Die Schneelöwen stehen also für Schutz. Sie sind ein Symbol für die Macht der Dharmakaya-Natur des Guru, die euch vor bösen Kräften und so weiter schützen kann.

Die Einheit von Methode und Weisheit

Auf einem Sitz aus Lotusblüte, Sonne und Mond[6]) ...

Auf dem Thron ist ein Lotussitz sowie ein Sonnen- und ein Mondkissen. Die Bedeutung des Lotus leitet sich aus der Art seines Wachstums ab. Lotuse brauchen einen schlammigen Platz für ihre Wurzeln, nicht wahr? Wenn die Blume dann erscheint, ist sie aber sauber, rein und voller Schönheit – keine Spur von Schlamm.

Sie dient als Symbol für den Guru. Er ist die Verkörperung des Buddha und hat daher keine Verblendungen. Da wir aufgrund unserer Verblendungen nicht mit dem Dharmakaya kommunizieren können, zeigt sich der Guru in der Form eines gewöhnlichen verblendeten Wesens. Wie der Lotus, der im Schlamm wächst, aber nicht davon beschmutzt wird, so wird der Guru nicht von der verblendeten menschlichen Form durcheinander gebracht.

In der Tat sind wir alle aus Verblendung heraus geboren, aus dem Schlamm. Die Energie der zwölf Glieder des abhängigen Entstehens – Unwissenheit, Karma und so weiter –

zwingt uns in diese fünf Aggregate. Trotzdem ist es uns möglich, unser Leben so zu benutzen, dass es zu einer kostbaren Lotusblume wird, wunderschön und völlig jenseits des Schlamms der Verblendung.

Die Sonne steht für die Weisheit, da das Sonnenlicht automatisch Dunkelheit und alle Schatten vertreibt. Das Gleiche geschieht, wenn wir Weisheit besitzen, dann können wir all unsere Dunkelheit und alle Beschränkungen überwinden. Guru Chenrezig sitzt auf dem Sonnenkissen, was zeigt, dass er die Weisheit vollkommen verwirklicht hat.

Der Mond steht für die Methode. Im Sutra bezeichnet man Bodhichitta als die Methode, im Tantra die Große Glückseligkeit. Dass der Mond auf der Sonne liegt, weist auf Einheit statt Trennung hin – es zeigt, dass Guru Chenrezig beides zusammen besitzt: die Verwirklichung von vollkommenem Mitgefühl und von vollkommener Weisheit.

Manchmal haben wir die Methode, manchmal die Weisheit; manchmal fehlt uns die Weisheit völlig, oder wir besitzen zu viel Weisheit, aber keine Methode – die Integration fehlt. Das ist das Problem. Die Integration von Weisheit und Methode ist äußerst wichtig für die menschliche Entwicklung, selbst wenn es um ganz gewöhnliche Angelegenheiten geht. Und im Vajrayana ist sie natürlich unentbehrlich. Wollen wir die immer währende, friedliche Erleuchtung erlangen, so brauchen wir Weisheit und Methode. Die beiden richtig zu kombinieren, ist wirklich schwierig.

Es ist wie bei einem guten Müsli: Wenn etwas fehlt, denkt ihr „Oje, das Müsli ist heute aber sehr mittelmäßig!" Es ist nicht so einfach, eine vollkommene Mischung herzustellen – mit Rosinen, Nüssen, Sesamsamen usw. Im Osten ist es zumindest nicht so einfach; in Australien gelingt es leichter. Aber ihr versteht sicherlich, was ich damit sagen will. Manchmal gibt es Weisheit, manchmal Methode, doch die beiden gleichzeitig zu haben, ist sehr schwierig. Und vergesst nicht: Diese Einheit ist nichts Äußerliches; Weisheit und Methode müssen in eurem Geist zusammenkommen.

Ich habe ja bereits zu Anfang gesagt, dass es in der tantrischen Kunst Darstellungen von Männern und Frauen gibt, die sich umarmen. Dabei steht die männliche Figur für die Methode, die weibliche für die Weisheit – ihre Umarmung steht für die Vereinigung von Methode und Weisheit. Sie steht nicht für die körperliche Vereinigung; sie steht auch nicht für vergängliche Vergnügungen. Es geht um psychische Realität, um Transzendenz – es wird damit eine vollkommen reine Handlung dargestellt.

Visualisierung ist zwar – technisch gesehen – nicht das, was wir hier unter Methode verstehen, aber meinethalben können wir sie auch als Methode bezeichnen. Und wenn ihr visualisiert, so braucht ihr gleichzeitig die Weisheit, die die Natur der Wirklichkeit durchdringt und versteht, sonst wird eure Visualisierung nie zu einem machtvollen Vajrayana-Pfad. Die Einheit macht sie zu etwas so Wirkungsvollem.

Die Kraft des Mitgefühls

Weilt der erhabene Chenrezig, der große Schatz des Mitgefühls, …

Im Tibetischen heißt es hier *nying je ter chen jig ten wang. Nying* bedeutet „Mitgefühl" *ter chen* heißt „großer Schatz", der „große Schatz des Mitgefühls" ist hier Chenrezig. Man nennt ihn auch *pag chog jig ten wang:* hervorragender, göttlicher Besitzer der Welt. Darin liegt eine Wahrheit, denn wenn man tatsächlich über die Kraft des universellen Mitgefühls von Chenrezig verfügt, dann kann man die ganze Welt besitzen; man kann das Bewusstsein aller fühlenden Wesen unter Kontrolle bringen.

Vielleicht haltet ihr das für utopisch. Es ist aber möglich. Ich spreche hier nicht von einem Machtspiel, sondern über Kontrolle in einem realen, positiven Sinn. Betrachtet es einmal folgendermaßen: Seit das *Chenrezig Institute* im letzten Jahr hier in Queensland eröffnet hat, haben sicherlich mehr als tausend Schüler an Kursen teilgenommen. Diese Menschen haben hier etwas bekommen. Buddha lehrte seine Methoden und Unterweisungen vor langer Zeit, und sie wurden über mehrere Generationen von Lehrern in einer ununterbrochenen Abfolge weitervermittelt – bis zu den Lamas, die hierher gekommen sind. Etwas von dieser Kraft geht dann auf alle über. Mit anderen Worten: Ihr bekommt etwas von der Kraft von Buddha oder Chenrezig.

Wenn ihr wirklich einen Feind besiegen wollt, so solltet ihr wahres, universelles Mitgefühl verwirklichen, das Mitgefühl von Chenrezig. Dadurch wird euer Feind zu eurem Untergebenen, zu eurem Besitz; ihr werdet sein Besitzer. Ich weiß nicht genau, was ich hier sage – aber vielleicht versteht ihr es ja!

Erinnert euch, wie es war, als Buddha meditierte: Viele bösartige bewaffnete Wesen erschienen und wollten ihn zerstören. Seine Waffe war die wahre Liebe, *Samadhi*-Liebe. Die Kraft seiner konzentrierten universellen Liebe bezwang die Wesen, die versuchten, ihm zu schaden. Erinnert euch daran. Dann versteht ihr, wieso es dem universellen, liebenden Mitgefühl von Chenrezig möglich ist, die gesamte Welt zu erobern.

Die ganze Welt hängt sowieso schon von Liebe ab, nicht wahr? Wir alle brauchen Liebe. Ihr lebt für die Liebe. Versteht ihr jetzt, wie man das in dem Sinne interpretieren kann, dass Chenrezig, der universelles Mitgefühl und universelle Liebe ist, schon alle fühlenden Wesen für sich gewonnen hat. In diesem Sinne ist Chenrezig der Besitzer der Welt. Das hört sich einfach an, doch wenn ihr länger über die Bedeutung der Worte nachdenkt, werdet ihr deren tieferen Sinn begreifen.

Politiker von heute bedienen sich freundlicher Worte, und es scheint so, als würden sie aus Güte heraus handeln. In ihrem Geist herrscht aber Streit. Es ist kaum zu glauben. Eigentlich beziehen sie ihre Ideen von höherem Gedankengut, sie benutzen es aber auf schmutzige Art und Weise und sagen noch dazu: „Ich habe diese intelligente Idee."

Ein gutes Beispiel für diesen Sachverhalt ist die Art, wie Kommunisten über Gleichheit reden. Sie verhalten sich so, als hätten sie sie erfunden. Die Philosophie der Gleichheit stammt aber nicht von ihnen, sondern von Buddha. Zudem versuchen sie, anderen ihre Vorstellungen aufzuzwingen: „Sei gefälligst gleich, sonst bringe ich dich um." Es ist völlig unmöglich, die Menschen auf so eine Art gleich zu machen. Mit Anhaftung ist das ganz und gar undurchführbar. Die Dinge sind so vergänglich. Selbst wenn man es fertig brächte, alle gleichzuschalten, entstünde schon am nächsten Tag wieder Anhaftung und die Menschen wären wieder ungleich. Man braucht nur die Weltsituation zu betrachten, schon sieht man das ganz deutlich und versteht es vollkommen.

Im Buddhismus geht es darum, die Welt einfach nur anzuschauen, die Handlungen der Menschen zu beobachten und zu verstehen, was geschieht. Ihr schaut hin und analysiert: „Dieser Mann denkt so und tut das. Diese Menschen tun dagegen dies und das, sie sind sehr ehrgeizig und gewalttätig, doch mit dem, was sie tun, werden sie keinen Erfolg haben." Es ist sehr gut, wenn man den menschlichen Geist versteht. Es ist auch sehr gut, sich bewusst zu sein, in welche Richtung man selbst geht – ansonsten weiß man nicht, ob man richtig oder falsch handelt und bleibt weiter verwirrt.

Gleichheit kommt vom Geist. Wenn der Geist frei ist, stellt sich die Gleichheit automatisch ein. Durch Zwang lässt sich dagegen keine Gleichheit herstellen. Stellt euch vor, zwei gute Freunde sprächen sich folgendermaßen ab: „Wir sind völlig gleich. Ich wünsche mir sehr, dass du glücklich bist. Ich wünsche dir Glück, selbst wenn ich dafür leiden muss." Doch wenn dann etwas wirklich Wichtiges geschieht, verschwindet die Atmosphäre der Gleichheit. Es stellt sich heraus, dass das Versprechen aus leeren Worten bestand. Wenn ihr im realen Leben vor die Wahl gestellt seid, so fühlt ihr euch doch wichtiger als euer guter Freund. Sobald ihr getestet werdet und zwischen Gewinn und Verlust entscheiden müsst, entscheidet ihr euch dafür zu gewinnen. Seht ihr nun, dass die Gleichheit, die ihr propagiert, so lange bedeutungslos und im Bereich bloßer Worte bleibt, bis ihr die Wirklichkeit innerer Gleichheit verstanden habt?

Wir sprechen oft über liebende Güte; wir sollten aber vorsichtig sein. Wenn wir die wirkliche Bedeutung von Liebe nicht verstehen, sagen wir „ich liebe dich, ich liebe dich", doch sind dabei nicht ehrlich. Eigentlich wünschen wir uns etwas für uns selbst, wenn wir es sagen. Prüft das. So sind wir tatsächlich seit anfangslosen Zeiten vorgegangen. Wir haben unechte Worte der Güte gesprochen und unechte gütige Taten ausgeführt, die ganz und gar nicht von Herzen kamen. Sie hatten nichts mit unserer inneren Natur zu tun und wir haben uns selbst und andere betrogen. So etwas ist eine Art von Lüge. Es gibt hunderttausend Arten zu lügen, das ist eine davon. Wie ihr jetzt wohl seht, ist es sehr schwierig, anderen wahre Liebe entgegenzubringen.

Die wahre Liebe fängt bei einem selbst an. Ihr könnt das an anderen Menschen beobachten. Anfangs haben sie keinen besonderen Klarblick, doch allmählich verstehen sie sich selbst besser, begreifen ihre eigenen Gefühle und Handlungen und beginnen, mehr Verantwortung für sich selbst zu übernehmen. Allmählich öffnen sie sich. Zunächst eröffnet sich ihnen die Wahrheit; sie entwickeln Liebe und Mitgefühl in Bezug auf ihre eigene Situation. Daraus erwächst dann ganz natürlich

Liebe und Mitgefühl für andere. Das ist wahres Mitgefühl. Dieser Prozess ist etwas sehr Tiefgründiges.

Wahre Liebe ist nicht wechselhaft, und auch der Grund für die wahre Liebe bleibt unveränderlich. Auch wenn ihr eure Farbe, eure Kleider, eure Umgebung verändert, bleibt dieser Grund immer bestehen. Unsere gewöhnliche Liebe begründen wir dagegen mit unvernünftigen und vergänglichen Dingen. Etwa: „Ich liebe dich, weil deine Haut so schön ist." Vielleicht klingt das wie ein albernes Beispiel, aber wenn ihr die Dinge analysiert, werdet ihr sehen, dass es sich genau so verhält.

Eure Haut verändert sich ständig, also ändert sich auch eure Liebe andauernd. Es gibt da nichts Festes. Der tiefe, grundlegende Grund für Liebe und Mitgefühl – unser Menschsein, unsere grundlegende Gleichheit – verändert sich nie, welche Umstände auch auftauchen. Das ist keine Philosophie, keine künstliche Vorstellungswelt, es ist nicht nur Mythologie – es handelt sich um Wissenschaft.

Reine Ethik

Der hier die Form eines Mönches in safranfarbenen Roben angenommen hat.

Chenrezig ist ein kostbarer Schatz, seiner Natur nach ist er das universelle Mitgefühl, er ist der einzigartige Besitzer des Universums und von der Natur des Dharmakaya. Er erscheint im Aspekt eines ehrwürdigen Mönches, der safranfarbene Roben trägt. Sein Aussehen weist auf seine vollkommene Reinheit hin; von ihm geht keinerlei Schwingung von Unreinheit oder geistigem Ungleichgewicht aus. Er trägt die safranfarbenen Roben nicht deshalb, weil er sich damit schmücken will; sie sind ein Symbol für seine innere Verwirklichung der Entsagung, der Nicht-Anhaftung.

Auch ich trage gelbe Roben; aber vielleicht wäre es besser, wenn ich ganz normal aussehen würde, so wie Milarepa. Hier in Australien würdet ihr dann aber wahrscheinlich denken: „Igitt, schaut euch diesen Mann aus dem Himalaja an! Er trägt ja nur Fetzen am Körper. Schlimmer als unsere Abfalltüten!" Die gelben Roben symbolisieren Reinheit und Nicht-Anhaften – ich habe trotzdem furchtbar viel Anhaftung.

Mein dreifach gütiger Vajradhara-Meister...

Tsa we la ma sum den dor je dzub: tsa we la ma bedeutet „Wurzel-Guru". Wie ich bereits erwähnte ist euer Wurzel-Guru derjenige, der euch zuerst den essenziellen Pfad zur Befreiung zeigte, der euch die richtige Richtung wies. Er ist die Wurzel, das ist ganz leicht zu verstehen. Schöne Blumen erwachsen aus ihren Wurzeln. Hier ist es das Gleiche. Jemand legt starke Samen in euch, und als Resultat entsteht ein schöner, freudiger Geist.

Sum den bedeutet „drei besitzen"; der Ausdruck bezieht sich auf die drei Ebenen von Gelübden: Hinayana-, Bodhisattva- und tantrische Gelübde. Der Lama besitzt diese drei, d.h. er hält sie genau ein. Das ist ein ganz wichtiger Punkt – hält euer Guru keine reine Ethik ein, hat das automatisch Auswirkungen auf euch. Ohne reine Ethik ist es unmöglich, jemanden auf dem spirituellen Pfad anzuleiten und andere zu höheren Erfahrungsebenen zu führen.

Die Lehren bestehen nicht nur aus den Worten. Wir erhalten Energie und Kraft vom Guru, was jenseits von bloßen intellektuellen Worten geschieht. Ich glaube, das ist schwierig zu verstehen. Man braucht zumindest Zeit dazu. Doch mithilfe der eigenen Erfahrung könnt ihr es begreifen. In der Gelug-Tradition legen wir besonderen Wert auf Reinheit, die reine Ethik, die aus dem Einhalten der Gelübde besteht.

Eigentlich ist Reinheit sehr einfach. Wenn ihr euren Körper, eure Rede und euren Geist rein haltet, dann seid ihr rein – nicht wahr? Ihr braucht euch darüber keine Sorgen machen oder zu denken, dass ihre alles Mögliche aufgeben müsst. So ist das nicht gemeint.

Während Klausuren und Meditationskursen versuchen wir, Bedingungen zu schaffen, die es euch erleichtern, Körper, Sprache und Geist zu beherrschen. Daher ermutigen wir auch die Schüler, während des Kurses oder der Klausur die fünf Gelübde einzuhalten. Wir wollen, dass ihr glücklich seid, euch beschwingt fühlt und euch ein gutes Verständnis der Lehren erwerbt. Solche Bedingungen geben euch mehr Raum, um zu kommunizieren. Kommt ihr zum Beispiel als Paar hierher, dann trefft ihr euren Partner oder eure Partnerin beim Mittagessen und sagt: „Hallo, wie geht's dir?“, und in dieser Art von Umgebung könnt ihr beginnen, eine noch tiefere Art von Liebe zu entwickeln, die nicht bloß an der Oberfläche bleibt.

Ich glaube, für jetzt ist das genug. Ihr solltet so über *de chen lhun drub* meditieren, wie ich es beschrieben habe. Versucht zu sehen, dass die absolute Wirklichkeit des Dharmakaya in allen Lebewesen existiert, euch selbst eingeschlossen. Meditiert darüber. Ich danke euch.

6 *Gaben und Bittgebete darbringen*

Im Raum des Dharmakaya ist ein kostbarer Thron, der von Schneelöwen getragen wird. Darauf, auf einem Lotus, einer Sonne und einem Mond sitzt Guru Chenrezig. Vielleicht erscheinen euch all diese Dinge – Throne, Lotuse und Schneelöwen – ein wenig übertrieben; doch wenn ihr deren Bedeutung versteht, ändert sich das. Thron, Lotus, Schneelöwen, Sonne und Mond sind Manifestationen der göttlichen Weisheit von Guru Chenrezig – und haben keinerlei feste, materielle Energie. Ihr seht die Wiederspiegelung göttlicher Weisheit.

Heiliger Losang Tenzin Gyatso...

Im Tibetischen heißt es *je tsun lo zang ten dzin gya tso pel. Je tsun* bedeutet „heilig"; *lo zang* können wir in diesem Kontext mit „Weisheit" übersetzen. *Ten* bedeutet „Lehre"; *dzin* bedeutet „halten" – mit anderen Worten „die kostbare Lehre halten, die Weisheit, die Lehre des Buddha". Damit ist nicht gemeint, dass er ein Buch, eine Schrift, in Händen hält. Wenn ihr Weisheit besitzt, könnte man auch sagen, dass ihr sie haltet! Dabei kommt es nicht darauf an, wie ihr äußerlich erscheint, ob ihr weiß, rot oder gelb, Nonne, Mönch oder Laie seid – wenn ihr

Weisheit besitzt, so haltet oder bewahrt ihr die Lehren. *Gya tso* bedeutet „Ozean" und *pel* bedeutet „wunderbar": wunderbarer Ozean. Wie ihr sicherlich wisst, ist Losang Tenzin Gyatso der Name Seiner Heiligkeit.

Mit einer hell leuchtenden Erscheinung und einem strahlenden, lächelnden Gesicht, ...

Guru Chenrezigs Gesicht ist weiß mit einem leicht rötlichen Schimmer, was zeigt, dass es strahlt. Die weiße Farbe steht für die Kundalini-Energie und die rote dafür, dass die Glückseligkeit funktioniert. Sein Gesicht hat einen sehr liebevollen Ausdruck und seine Augen, die in die Ferne blicken, sind länglich und halboffen. Das ist recht bedeutsam. Die Augen der Befreiten sind lang und schmal, die Augen von Menschen, die psychisch gestört und neurotisch sind, sehen dagegen anders aus. Buddha wird normalerweise so dargestellt; seine Augen sind lang und schmal, was symbolisch ausdrückt, dass er über dualistische Vorstellungen hinausgelangt ist und die Wirklichkeit der Leerheit sieht.

Deine rechte Hand am Herzen in der Geste des Dharma-Lehrens
Hält den Stängel eines weißen Lotus, auf dem ein Buch und ein Schwert liegen.[7])
Deine Linke ruht in der Geste der Meditation und hält ein tausendspeichiges Rad.[8])

Guru Chenrezig hält seine rechte Hand am Herzen; sie zeigt die Geste des Gewährens von Dharma, die so genannte Dharmachakra-Mudra, die Mudra des Dharmarad-Drehens. Seine rechte Hand hält einen weißen Lotus, auf dessen Blüten eine Prajnaparamita-Schrift liegt, die des Buddhas Lehren über die Vollendung der Weisheit zum Inhalt hat. Aufrecht auf der

Schrift steht ein Schwert, das das Weisheitswissen der Buddhas von Vergangenheit, Gegenwart und Zukunft symbolisiert. An der Spitze des Schwertes züngelt ein Feuer, das automatisch jegliche negative Energie verbrennt und bereinigt.

Guru Chenrezigs linke Hand liegt – mit der Handfläche nach oben – in seinem Schoß. Sie zeigt die *Mudra* der Sammlung, die Geste der Kontemplation. Diese beiden Gesten – Unterweisungen geben und Kontemplation – treten hier zusammen auf: ein Hinweis, dass es sich um ein erleuchtetes Wesen handelt, das über die dualistische Geisteshaltung hinausgelangt ist. Chenrezig kann in dieser relativen Welt wirken – indem er beispielsweise lehrt – und gleichzeitig in vollkommener Sammlung weilen. Das ist möglich und genau so sollte es auch sein: Alle Handlungen sollten mit einsgerichteter Konzentration ausgeführt werden, mit vollkommener Sammlung. Doch wir gewöhnliche fühlende Wesen sind begrenzt. Unsere Handlungen sind getrennt von unserem gesammelten Geist. Vielleicht meditieren wir kurz, aber sobald wir aufstehen und hinausgehen, verlieren wir unsere Konzentration.

In der Fläche seiner linken Hand hat Guru Chenrezig ein aufrecht stehendes Dharmarad, ein *Dharmachakra*.

Du trägst die drei safranfarbenen Roben eines Mönches[9])
Und bist gekrönt von einem spitzen, goldenen Pandita-Hut.[10])

Wir brauchen nicht viel über Guru Chenrezigs Kleidung zu sagen; sie ist hier nicht so wichtig. Ich sagte bereits, dass die safranfarbenen Roben ein Symbol für Reinheit sind, der spitze Hut steht für scharfe, alles durchdringende Weisheit.

Deine Aggregate, Sinnesfähigkeiten, Sinne und Objekte sowie deine Gliedmaßen
Sind ein Mandala mit den fünf Buddhas und ihren Gefährtinnen,[11])

Männlichen und weiblichen Bodhisattvas und zornvollen Beschützern.

Dieser Teil ist etwas schwieriger. Bei den fünf Aggregaten – Form, Empfindung, Unterscheidung, zusammengesetzte Faktoren und Bewusstsein – sowie den vier Elementen, den Sinnen und so weiter handelt es sich um die Grundbestandteile der Person. Alle diese Aspekte von Guru Chenrezig zusammen mit seinen Gliedmaßen werden hier als Mandala der fünf *Dhyani* Buddhas und ihrer Gefährtinnen, der weiblichen und männlichen Bodhisattvas und der zornvollen Schützer bezeichnet. Das ist eine Beschreibung der großartigen Qualitäten von Guru Chenrezigs Körper.

Im Allgemeinen gibt es äußere, innere und geheime Qualitäten; an dieser Stelle werden die inneren Qualitäten von Guru Chenrezig beschrieben, aber es würde hier zu weit führen, in allen Einzelheiten darauf einzugehen. Kurz gesagt: Die Aggregate, Sinne und so weiter von Guru Chenrezig sind vollkommen rein und von der Natur der fünf Dhyani Buddhas und der anderen heiligen Wesen. Ihn auf diese Weise zu visualisieren, hilft euch auch, eure eigene reine Natur zu verstehen.

Dem Hinayana-Buddhismus zufolge verschwinden wir, wenn wir Parinirwana erreichen. Unser Körper und unser Geist hören auf zu existieren. Im Mahayana sieht man das anders. Wenn wir ein Tathagata werden, also zur vollkommenen Erleuchtung erwachen, wird die Essenz unserer unreinen Aggregate, Sinne und so weiter völlig gereinigt und umgewandelt. Zur Zeit ist unsere Existenz von Verblendungen durchzogen. Durch die Praxis des Tantra können wir unseren Geist und unseren Körper reinigen, das reine Buddha-Bewusstsein erreichen und uns – aus diesem Dharmakaya heraus – in der reinen Form eines Buddha manifestieren.

Wir können die reine Energie von Geist und Körper als Vairochana bezeichnen, also als einen der fünf Dhyani Buddhas. Manchmal können wir die reinen Aggregate des Guru in Form des strahlend weißen Körpers von Vairochana visualisieren, hier visualisieren wir Vairochana jedoch am Scheitelchakra von Guru Chenrezig. Die anderen vier Buddhas können wir an den anderen Chakren visualisieren: den roten Amitabha am Hals, den blauen Akshobhya am Herzen, den gelben Ratnasabhava am Nabel und den grünen Amoghasiddhi am geheimen Chakra. Jeder dieser Buddhas hält die Hände in einer speziellen Geste, aber darauf brauchen wir hier nicht in allen Einzelheiten einzugehen.

Umgeben von einer Aura aus fünf strahlenden Farben[12])
Sitzt mein Meister in der vollkommenen Vajra-Haltung.
Er schickt ein Netzwerk wolkengleicher Selbst-Verkörperungen aus,
Um den Geist aller fühlenden Wesen zu zähmen.

Guru Chenrezig sitzt in der Vajra-Haltung und ist umgeben von Regenbogenlicht, das von den fünf Chakren ausgeht, in denen sich die Dhyani Buddhas befinden, die jeweils ihr spezielles farbiges Licht ausstrahlen. Guru Chenrezig weilt in tiefer Sammlung und zeigt sich gleichzeitig im Aspekt des Lehrens. Von seinem Herzen strahlen Millionen Duplikate seiner selbst aus. Wolken dieser Ausstrahlungskörper füllen das Universum und führen die fühlenden Wesen zur Erleuchtung. All das ist so großartig, dass es unsere Vorstellungskraft überschreitet.

In seinem Herzen weilt Chenrezig, das Weisheitswesen[13])
Mit einem Gesicht und vier Armen.
Dessen obere Hände sind zusammengelegt,

Seine unteren Hände halten eine Gebetskette aus Kristall und einen weißen Lotus.[14])
Er ist mit Juwelenschmuckstücken geziert und trägt himmlische Gewänder,
Seine linke Schulter ist vom Fell einer Antilope[15]) bedeckt.

Mit verschränkten Beinen sitzt er auf einem silbernen Mond und einem Lotus.[16])
Die weiße Silbe HRIH, das Konzentrationswesen an seinem Herzen,
Strahlt farbig leuchtendes Licht in alle zehn Richtungen aus.

An der Stirn meines Meisters ist ein weißes OM,
In seiner Kehle ein rotes AH,
An seinem Herzen ein blaues HUM,
Von dem viele Lichter in alle Richtungen ausstrahlen.
Sie laden die Drei Juwelen der Zuflucht ein, sich in ihn aufzulösen
Und ihn zur gesammelten Essenz aller Zufluchtsobjekte zu machen.

Im Herzen von Guru Chenrezig weilt das so genante Weisheitswesen (tib. *yeshe sempa),* Chenrezig selbst. Visualisiert ihn, wie er normalerweise auf Gemälden dargestellt wird – weiß, mit einem Gesicht, vier Armen und so weiter. An seinem Herzen befindet sich die weiße Silbe *HRIH,* das so genannte Konzentrationswesen. Im Herzchakra von Guru Chenrezig befindet sich die blaue Silbe *hum,* an seiner Kehle ein rotes *ah* und am Scheitel ein weißes *om.* Vom weißen *HRIH* am Herzen Chenrezigs strahlt Licht aus, geht zu all den Millionen Sonnensystemen in den zehn Richtungen und ruft alle erhabenen Wesen herbei, die dann in sein Herz sinken. Guru Chenrezig ist nun völlig eins mit der gesammelten Energie all dieser erhabenen Wesen. Diese Vorstellung ähnelt der christlichen Idee, dass Gott alles ist.

Das siebenfache Gebet

Niederwerfungen

Dein befreiter Körper ist mit allen Zeichen eines Buddha geschmückt,[17])
Deine melodiöse Rede, die alle sechzig Rhythmen enthält, fließt ohne Zögerlichkeit hervor;
Dein weiter und tiefer Geist ist voll unbeschreiblicher Weisheit und Mitgefühl;
Ich verneige mich vor dem Rad dieser drei geheimen Schmuckstücke von Körper, Rede und Geist.

Nun bringen wir Guru Chenrezig Niederwerfungen dar und sprechen Lobpreise. Der Anblick seines Körpers gibt uns Energie und erfüllt uns mit Glückseligkeit. Wir preisen seine unzerstörbare Rede, die uns die Wirklichkeit zeigt und uns zum Zuhören anregt. Wir preisen zudem seinen göttlichen Geist, sein universelles Mitgefühl und Verständnis. Sein allgegenwärtiger Geist entzieht sich jeder Beschreibung, er ist unermesslich; unser beschränkter Geist kann solch grenzenlose Energie nicht ermessen.

Gaben darbringen

Materielle Gaben aus meinem Besitz und aus dem von anderen,
Tatsächlich aufgestellt und visualisiert,
Meinen Körper, meinen Besitz und alle Tugenden, die ich in den drei Zeiten ansammelte,
Bringe ich euch auf vorgestellten Wolkenmeeren dar, Samantabhadras Gaben gleich.

Als Nächstes bringen wir die Gaben dar. Dabei geben wir Dinge, die jemandem gehören und solche, die keinen Eigentümer haben. Das bedeutet, dass wir unsere eigenen Gaben für Guru Chenrezig auf dem Altar herrichten und darüber hinaus vorgestellte Gaben darbringen, also Dinge, die wir visualisieren. Wir bringen auch unseren Körper, unseren Besitz und unsere Verdienste oder Tugenden der Vergangenheit, Gegenwart und Zukunft dar, die wir uns allesamt als Glückseligkeit spendende Energie vorstellen.

Bekenntnis

Weil mein Geist vom lähmenden Dunkel der Unwissenheit umfangen war,
Tat ich viel Falsches und verstieß gegen die Vernunft und gegen meine Gelübde.
Alle Fehler, die ich in der Vergangenheit beging,
Bekenne ich rückhaltlos vor dir
Und verspreche mit tiefem Bedauern, sie nie mehr zu begehen.

Anders ausgedrückt sagen wir hier: „Da mein Geist vollständig von einer dicken Nebelschicht der Unwissenheit bedeckt ist, bin ich nicht in der Lage, meinen Körper, meine Rede und meinen Geist rein zu halten, folglich sind alle meine Handlungen befleckt. Ich verstehe, welche Auswirkungen diese Handlungen haben, und bekenne sie daher vor Guru Chenrezig. Ich fasse den Entschluss, sie von nun an nie wieder zu tun."

Wirkliches, vollkommenes Bekennen bedeutet, über Leerheit zu meditieren und die Natur der Wirklichkeit zu verstehen. Tun wir etwas Negatives, dann fühlen wir uns ganz von selbst schuldig – unabhängig davon, ob uns jemand die Schuld gibt oder nicht. Auch wenn wir uns eigentlich nichts vorzuwerfen hätten, entsteht das Schuldgefühl in uns. So funktioniert unsere Psychologie, so sind wir eben. Meditieren wir jedoch über Leerheit, so befreit uns das automatisch von Schuldgefühlen, es bereinigt sie und wir können loslassen.

Erfreuen

Von tiefstem Herzen erfreue ich mich an den erleuchteten Taten der erhabenen Meister
Und an den heilsamen Handlungen von Vergangenheit, Gegenwart und Zukunft,
Begangen von mir und anderen
Sowie von den gewöhnlichen und erhabenen Wesen der drei heiligen Traditionen.

Von Herzen – also nicht nur theoretisch – erfreuen wir uns an allen Taten der göttlichen Gurus, an unseren eigenen positiven Taten der Vergangenheit, Gegenwart und Zukunft und an allen tugendhaften Taten von gewöhnlichen und besonderen Wesen, nämlich den Praktizierenden der drei Fahrzeuge, Hinayana, Paramitayana und Vajrayana.

Mitfreude ist sehr wichtig. Sie hat sehr viele Vorteile, und die solltet ihr euch nicht entgehen lassen – ihr werdet sonst neidisch und das ist überhaupt nicht gut. Ein eifersüchtiger oder neidischer Geist bringt viele psychische Probleme hervor. Die fühlenden Wesen sind in dieser Beziehung höchst seltsam. Wenn es deiner Freundin gut geht und ihr viele gute Dinge zufliegen, so ist dir das sehr genau bewusst, nicht wahr? Du beobachtest sehr genau, was da vor sich geht, und verspürst Neid. Das ist recht verbreitet.

Selbst Meditierende sind eifersüchtig. Euer Freund sagt, dass seine Meditation sehr gut verlaufen sei, und ihr denkt: „Er ist ein ganz anderer Mensch geworden; er hat nur einen Meditationskurs gemacht und seine Meditationen sind schon gut. Ich habe schon drei Kurse gemacht und habe nie gute Meditationen!" Ihr habt das Gefühl, ihr wäret eine Katastrophe – was natürlich nicht wahr ist. Aber ist da nicht auch Neid?

Sich an den guten Erfahrungen der anderen zu erfreuen, ist sehr wichtig. Das lässt sich beobachten; ich spreche hier nicht nur von irgendwelchem Brauchtum. Lama Tsong Khapa hat sehr viel Wert auf diese Praxis gelegt. Im Lamrim gibt es ein gutes Beispiel: Ein reicher Gönner kam in ein Kloster, um Spenden im Wert von Tausenden von Dollars zu bringen. Im Tempel saß ein Bettler, der nichts besaß. Als er den Reichen seine Gabe darbringen sah, freute er sich von ganzem Herzen: „Was dieser Reiche tut, ist wunderbar. Ich bin so arm. Ich wünschte, ich wäre reich, denn dann könnte ich auch solche Gaben darbringen." Am Ende der Zeremonie, als der Abt, der offensichtlich hellsichtig war, die Verdienste widmete, hob er die Verdienste des Bettlers hervor, die Tugend, die in dessen Geist aufgrund seiner Mitfreude geschaffen worden war – und nicht die des Gönners. Warum? Weil der Gönner stolz war und wollte, dass alle Leute dächten, er habe da eine fantastische Tat vollbracht. Er kam mit hohen Erwartungen und hatte am Ende nichts. Der Bettler dagegen kam mit nichts und hatte am Ende unglaublich viel Verdienst angesammelt und die Widmung bekommen.

Eifersucht und Neid sind äußerst schmerzhafte Geisteszustände; die Mitfreude dagegen macht uns heiter. Freut man sich mit anderen, so entfernt man damit den schmerzhaften Stachel des Neids aus seinem Herzen und verspürt stattdessen Ruhe und Frieden. Eifersucht macht uns ruhelos und müde.

An Weihnachten, wenn ihr zusammen am Tisch sitzt und jeder seine Geschenke austeilt und erhält, bemerkt ihr vielleicht, dass jemand anderes etwas ganz Besonderes bekommt und Eifersucht schleicht sich ein: „Ich wünschte, ich hätte das bekommen!" Ist das nicht unangenehm? Vielleicht wird euer

Geist so unglücklich und unruhig, dass ihr in der folgenden Nacht nicht einmal gut schlaft.

In der Schrift heißt es, wir sollten uns an dem Verdienst erfreuen, das von den Praktizierenden der drei Fahrzeuge erzeugt wurde, und das mag uns das Gefühl geben, es handele sich um eine Praxis, die nur für Buddhisten gedacht ist. Tatsächlich handelt es sich um etwas ganz Universelles. Wir sollten da keine Unterscheidungen machen. Wir sollten den Geist der Person prüfen, die einen spirituellen Pfad geht – ob es nun ein christlicher oder ein buddhistischer ist –, um zu entscheiden, welchem Fahrzeug sie angehört. Ihr Geist ist ihr Fahrzeug, das sie zu ihrem jeweiligen Ziel bringt.

Hier in diesem Kurs sind zum Beispiel etwa siebzig Leute; jeder von euch ist auf einer anderen Stufe. Einige sind Hinayana, einige Paramitayana; einige verwirklichen das Vajrayana. Eine bloß intellektuelle Herangehensweise, bei der ihr euch einordnet: „Ich bin das, er ist das", hat keinerlei Sinn. Wir sollten die wirkliche Bedeutung des Wortes „Fahrzeug" oder *yana* begreifen und Diskriminierungen unterlassen, indem wir uns beispielsweise zwar an den Verdiensten von Buddhisten erfreuen, aber nicht an denen von Ladenbesitzern und Anhängern anderer Religionen. Das wäre nicht richtig. Es gibt so viele Menschen, die Heilsames tun.

Wir sollten uns so viel wie möglich mit anderen freuen. Mitfreude ist Weisheit. Aber es zeugt von unserem mangelnden Verständnis von Mitfreude, wenn wir denken, es bedeute einfach nur: „Oh, ich fühle mich gut." Das gibt nicht den vollen Geschmack wieder. Um wirkliche Mitfreude zu empfinden, brauchen wir intensive Weisheit und viel Energie. Mitfreude bedeutet nicht nur einfach, sich gut zu fühlen.

Den Lama um Unterweisungen bitten

Die göttliche Musik der reinen Dharma-Wahrheit
Lässt die Melodie der Tiefe und des Friedens
In Übereinstimmung mit den Neigungen verschiedener Schüler erklingen.
Ich bitte dich, erwecke durch sie alle Lebewesen aus dem Schlaf
Der gewöhnlichen und instinktiven Verunreinigungen.

Hier bitten wir Guru Chenrezig durch die Weisheit seiner Unterweisungen – durch das Läuten seiner Weisheitsglocke – alle fühlenden Wesen von ihren groben und subtilen Verblendungen zu befreien.

Den Lama bitten zu verweilen

Bitte verankere deine Füße im unauflöslichen Zustand von EVAM[18])
Fest auf dem unzerstörbaren Vajrathron,
Bis alle fühlenden Wesen den ruhigen Atem der Freude im letztendlichen Zustand der Verwirklichung erlangt haben,
Ungetrübt von den Extremen des Weltlichen und der friedvollen Befreiung.

Man könnte dies auch als Gebet für Guru Chenrezigs langes Leben bezeichnen. Wir bitten ihn, dauerhaft auf dem Vajrathron zu verweilen – im Zustand der Einheit von Glückseligkeit und Weisheit, der Soheit, dem Zustand von *EVAM*, wie es im Sanskrit heißt –, bis alle fühlenden Wesen in den äußerst glückseligen Stand der vollkommenen Erleuchtung geführt sind. Diese Erleuchtung liegt jenseits der Extreme von Samsara und Nirwana. Wir haben an früherer Stelle über Nirwana gesprochen. Dem Mahayana zufolge ist es fast eine Verblendung und sollte vermieden werden. Die Erleuchtung geht darüber hinaus.

Widmung

Ich widme meine heilsamen Handlungen der drei Zeiten,
Auf dass ich stets die Fürsorge eines Meisters erfahren
Und die volle Erleuchtung zum Wohle aller erreichen möge,
Indem sich meine Gebete erfüllen, die höchste Tat von Samantabhadra.

Die Widmung ist wichtig. Wir bitten, dass das Verdienst aller unserer guten Taten aus Vergangenheit, Gegenwart und Zukunft immer bei uns bleiben möge: „Ich widme all diese Verdienste, damit ich meinen Geist zum Wohl aller mütterlichen Wesen entwickeln und sie alle zur Erleuchtung führen kann."

Die Mandala-Gabe

Euch, der Versammlung der Buddhas, die ich vor mir visualisiere,
Bringe ich dieses Mandala dar, errichtet auf einer Grundlage,
Mit Blumen, Safranwasser und Räucherwerk geschmückt,
Geziert von dem Berg Meru und den vier Kontinenten sowie Sonne und Mond.
Mögen alle fühlenden Wesen an den grenzenlosen Auswirkungen dieses heilsamen Tuns teilhaben.

Diese Gabe eines kostbaren, juwelenbesetzten Mandala bringe ich dar,
Zusammen mit anderen reinen Gaben, meinem Besitz
Und dem Heilsamen von Körper, Rede und Geist,
Angesammelt in den drei Zeiten.

Meine Meister, meine Yidams[19]) und die Drei kostbaren Juwelen,
Mit unerschütterlichem Vertrauen bringe ich euch all dies dar.
Nehmt es an, in eurem grenzenlosen Mitgefühl,
Und schickt mir Wellen inspirierender Kraft.

OM IDAM GURU RATNA MANDALAKAM NIRYATA YAMI

Ich brauche das Darbringen des Mandala an dieser Stelle nicht zu erklären; es gibt an anderer Stelle viele Kommentare dazu.

Der Segen des Meisters

Vom HRIH am Herzen Chenrezigs,
Der am Herzen meines verehrten Meisters weilt,
Fließen Nektarströme und Strahlen fünffarbigen Lichts,
Treten in den Scheitel meines Kopfes ein,
Vertreiben alle Geistesschleier und gewähren mir
Alle gewöhnlichen und besonderen machtvollen Verwirklichungen.

Nun meditieren wir, während wir das Gurumantra rezitieren. Vom *HRIH* im Herzen von Chenrezig, der am Herzen des Lamas weilt, geht viel glückseliges Regenbogenlicht aus. Es fließt durch euren Scheitel in euren Zentralkanal und füllt euch vollkommen an. Ihr werdet von allen Befleckungen gereinigt und erreicht alle Verwirklichungen. Während ihr dies visualisiert, solltet ihr so oft wie möglich das Mantra von Guru Chenrezig sagen.

OM AH GURU VAJRADHARA VAGINDRA SUMATI SHASANA DHARA SAMUDRA SHRI BHADRA SARVA SIDDHI HUM HUM

Das Gebet zum Stufenweg

Segne mich, auf dass ich mich meinem Meister anvertraue,
Mit den reinsten Gedanken und Handlungen,
Und meine Zuversicht gestärkt wird, dass du,
Mein mitfühlender, heiliger Meister,
Die Grundlage aller zeitweiligen und immerwährenden Glückseligkeit bist,
Denn du erklärst den wahren Pfad, frei von jeder Täuschung
Und verkörperst die Ganzheit der unzähligen Objekte der Zuflucht.

Segne mich, damit ich ein Dharma-Leben führe
Und nicht durch die illusionären Beschäftigungen dieses Lebens abgelenkt werde,
Denn schließlich weiß ich, dass diese Freiheiten und Ausstattungen
Selbst von unzähligen Schätzen und gigantischen Reichtümern nicht übertroffen werden
Und dass diese kostbare Form – auch wenn man sie einmal hat – nicht dauert.
In jedem Augenblick kann sie zerstört werden.

Segne mich, damit ich unheilsame Handlungen beende
Und Heilsames tue, indem ich mir stets
Der Ursachen und Auswirkungen gütiger und schädlicher Handlungen bewusst bin
Und die Drei kostbaren Juwelen als letztendliche Quelle der Zuflucht
Sowie als Schutz vor den unerträglichen Schrecken unglückseliger Wiedergeburten achte.

Segne mich, damit ich die Drei Höheren Übungen[20)] praktiziere,
Motiviert durch unerschütterliche Entsagung, die auf der klaren Einsicht beruht,

Dass selbst der Reichtum des Herrn der Devas[21])
Eine bloße Täuschung ist, dem verführerischen Zauber der Sirene gleich.

Segne mich, damit ich das Meer der Übungen meistere
Und sofort die höchste Motivation des Erleuchtungsgeistes entwickle,
Indem ich über die Kümmernisse aller mütterlichen Wesen nachdenke,
Die mich seit anfangloser Zeit durch ihre Güte nährten
Und nun gefoltert werden, gefangen in diesem oder jenem Extrem,
Entweder auf dem Rad des Leidens oder in der friedvollen Befreiung.

Segne mich, damit ich das Yoga entwickle,
Das Geistige Ruhe mit Durchdringender Einsicht verbindet,
Und in dem der hunderttausendfache Glanz der Leerheit,
Für immer frei von den beiden Extremen,[22])
Ungehindert im klaren Spiegel stabiler Meditation erscheint.

Segne mich, damit ich genau die Gelübde und Ehrenworte einhalte,
Die die Wurzel aller machtvollen Verwirklichungen sind,
Nachdem ich durch die Güte meines geschickten Meisters
Durch das Tor des äußerst tiefgründigen Tantra eingetreten bin.

Segne mich, damit ich in diesem Leben
Das glückselige Mahamudra der Vereinigung von Körper und Weisheit[23]) erlange,
Indem ich mit dem Schwert der Nicht-Dualität von Glückseligkeit und Leerheit[24])
Meine alles-erschaffende karmische Energie vollkommen durchschneide.

Hier brauchen wir die Meditation über den Stufenweg zur Befreiung nicht zu kommentieren, da es viele Lamrim-Belehrungen an anderer Stelle gibt.

Das Gebet ist recht kurz, es hat nur einige Verse, es enthält aber alle Punkte des Pfades, bis hin zum Tantra. Meditiert in jeder Sitzung nur über einen Vers, statt jedes Mal das gesamte Gebet zu rezitieren. Allmählich kommt so das Gesamtbild zum Vorschein.

7 Mit Guru Chenrezig verschmelzen

Nachdem ich meinen erhabenen Meister auf diese Art gebeten habe,
Sinkt er voller Glückseligkeit durch den Scheitel meines Hauptes
Und löst sich in den unzerstörbaren Punkt
In der Mitte meines achtblättrigen Herzens auf.

Stellt euch nun vor, dass sich die Schneelöwen, der Thron, die Sonne und der Mond nacheinander in Licht auflösen und in den Körper von Guru Chenrezig sinken. Dann kommt Guru Chenrezig über euren Scheitel, tritt durch euren Zentralkanal in euch ein, sinkt bis zum Herzchakra und vereint sich vollkommen mit eurem Geist.

Ihr braucht euch dabei nicht unwohl fühlen, weil ihr denkt: „Guru Chenrezig ist zu groß. Wie soll er sich in mir auflösen?" Er ist von der Natur des Dharmakaya – bewusster psychische Energie –, er besteht nicht aus Materie. Wenn ihr das versteht, fällt euch die Visualisierung leicht; versteht ihr das nicht, wird das Meditieren problematisch.

Nun erscheint mein Meister erneut auf einem Mond und einem Lotus.

In seinem Herzen weilt Chenrezig und in dessen Herzen steht die Silbe HRIH,
Umgeben von einer Kette des sechssilbigen Mantras,
Der Quelle, aus der Nektarströme fließen,
Die alle Hindernisse und Krankheiten beseitigen
Und meine Kenntnisse der Schriften und Einsichts-Unterweisungen des Buddha mehren.
So erhalte ich den Segen aller Siegreichen und ihrer Kinder,
Und strahlendes Licht geht aus,
Um alle Fehler der Wesen und der Umgebung zu bereinigen.

Auf diese Weise erreiche ich den höchsten yogischen Zustand
Und verwandle alle Erscheinungen, Klänge und Gedanken
In die drei geheimen Methoden der Erhabenen.

Guru Chenrezig vereint sich vollkommen mit eurem Geist – und erscheint dann mit einem Mal von Neuem. Er sitzt auf einem Lotus, einer Sonne und einem Mond, doch nun in eurem Herzchakra. In seinem Herzen befindet sich Chenrezig und in dessen Herzen wiederum die Silbe *HRIH,* die von den sechs Silben des Mantra *OM MANI PADME HUM* umringt ist, die aufrecht auf einer Mondscheibe stehen.

Die Rezitation von OM MANI PADME HUM

Rezitiert nun das sechssilbige Mantra, so lange ihr möchtet. Stellt euch dabei vor, dass viel glückseliger Nektar von der Silbe und dem Mantra am Herzen von Chenrezig ausgeht, euer Nervensystem füllt und alle eure Verunreinigungen beseitigt. Spürt, wie eure Chenrezig-Sinne alle Klänge als Mantra wahrnehmen, alle Formen als Chenrezig und alle Gedanken, selbst abergläubische, als Dharmakaya.

Einfach oder schwierig? Das ist eigentlich eine einfache Visualisierung. Macht euch keine Sorgen. Ihr braucht die vielen Einzelheiten nicht; visualisiert einfach so gut wie möglich. Die Hauptsache ist zu spüren, wie Guru Chenrezig in euch sinkt, und die Einheit mit ihm wahrzunehmen, statt euch getrennt oder abgespalten von ihm zu fühlen. Rezitiert dann das Mantra und visualisiert die Reinigung. Das sind die wichtigen Punkte.

Die Reinigung mithilfe des Vajrasattva-Mantras

Wenn ihr eure Rezitation von *OM MANI PADME HUM* beendet habt, solltet ihr einmal das hundertsilbige Reinigungs-Mantra von Vajrasattva rezitieren, um jegliche Fehler, die ihr vielleicht während der Praxis gemacht habt, zu bereinigen.

OM VAJRASATTVA SAMAYA / MANU PALAYA / VAJRASATTVA TENOPATITA / DRIDHO ME BHAVA / SUTOSHYO ME BHAVA / SUPOSHYO ME BHAVA / ANU RAKTO ME BHAVA / SARVA SIDDHIM ME PRAYACHA / SARVA KARMA SUCHA ME / CHITTAM SHRIYAM KURU HUM / HA HA HA HA HOH BHAGAVAN / SARVA TATHA GATA VAJRA MA ME MUNCHA / VAJRA BHAVA MAHA SAMAYA SATTVA / AH HUM PHAT

Doch zunächst werde ich euch die mündliche Übertragung des Mantra geben. Stellt euch vor, dass das Mantra dreimal vom Herzen Guru Chenrezigs kommt. Es tritt durch seinen Mund aus, gelangt in euren Mund und schließlich zu eurem Herzen – so als würde elektrische Energie übermittelt. Beim ersten Mal erscheinen die Mantrasilben, die aufrecht stehen, am Rand des Mondes an eurem Chenrezig-Herz. Bitte sprecht mir nach: OM VAJRASATTVA SAMAYA / MANU PALAYA ...

Beim zweiten Mal kommt das Mantra vom Herzen Chenrezigs, sinkt in euer Herz und sinkt in die Mantrasilben auf der Mondscheibe: OM VAJRASATTVA SAMAYA / MANU PALAYA …

Auch beim dritten Mal sinkt das Mantra in die Mantra-Silben und vereint sich mit eurem Geist. Damit wird das Mantra unzerstörbar, es gleicht erhabenster, reiner Feuerenergie, die alles Negative aus unzähligen Leben verbrennt und verhindert, dass verunreinigte Energie in euer Bewusstsein eintritt: OM VAJRASATTVA SAMAYA / MANU PALAYA …

Dieses Mantra hat eine schier unglaubliche Kraft – es ist machtvoller als eine Atombombe. Wir denken, die Atombombe habe mehr Kraft als wir, aber das ist eine reine Übertreibung! Einerseits ist das ein Scherz, aber es ist auch etwas Wahres daran. Es gibt da allerhand Überraschungen für euch. Wir sollten diese Atomenergie gegen unsere Verblendungen einsetzen.

Dritter Teil
Mahamudra

8 *Zur Mahamudra-Gottheit werden*

Bisher haben wir uns mit einem kurzen Kommentar zur Guruyoga-Praxis von Chenrezig beschäftigt. Diese Praxis kann auf vielen Ebenen geübt werden, bisher habe ich die grundlegendste, einfachste Ebene erklärt. Da ihr die Gottheitenpraxis von Chenrezig nun täglich geübt habt, müsstet ihr eigentlich ein gewisses Verständnis erlangt haben.

Die Art und Weise, wie wir in dieser Klausur lehren und praktizieren heißt *nyam-tri* oder auch „Erfahrungs-Unterweisung". Das bedeutet, dass wir die Erfahrung der Praxis gleich machen und nicht so viel Wert aufs Intellektualisieren legen. Die Tradition will, dass der Stoff bei diesem Lehrstil viermal gelehrt wird.

Beim ersten Durchgang werden alle Einzelheiten erklärt, der Schwerpunkt liegt hier auf dem Vermitteln von Information, die verstandesmäßig erfasst wird.

Beim zweiten Durchgang tritt diese intellektuelle Wissensvermittlung schon etwas mehr in den Hintergrund, es wird mehr Wert auf das Praktische gelegt.

Beim dritten Durchgang wird die Praxis noch mehr betont, und schließlich wird deren eigentliche Essenz erklärt. Mit dieser Methode erlangen Schüler ein gutes Verständnis der Übung.

Nun werde ich genauer erklären, wie diese Praxis funktioniert, wie wir durch das Üben der verschiedenen Meditationstechniken – das Aufnehmen des Lamas und die Meditation über die Einheit mit ihm, die Selbsthervorbringung als Gottheit, die Mantra-Rezitation und so weiter – zur Vollkommenheit gelangen können, zur göttlichen Einheit des Zustands von Chenrezig.

Die Freude des Ansehens umwandeln

Auf den verschiedenen Ebenen des Tantra verwandelt man verschiedene Ebenen von Begierde in den Pfad zur Befreiung (siehe 2. Kapitel). In dieser Kriyatantra-Praxis von Chenrezig verwandeln wir die Begierde, die durch bloßes Anschauen entsteht, in den Pfad. Auf Tibetisch heißt das *lha mo la ta wa chag pa lam cha. Lha mo* bedeutet „Gottheit"; *ta wa* bedeutet „Anschauen"; *chag pa* bedeutet „Begierde" und *lam* bedeutet „Pfad". Der gesamte Ausdruck bedeutet: Die Begierde-Energie, die durch das Anschauen der Gottheit entsteht, als Pfad nehmen.

Begreift man die Essenz von Chenrezig wirklich, so spürt man transzendente Glückseligkeit, sobald man ihn anschaut – jedes Mal, wenn man seinen göttlichen, weiß strahlenden Lichtkörper visualisiert. Die Glückseligkeit entsteht ganz automatisch. Selbst bei gewöhnlichen Objekten, die man attraktiv findet, entsteht automatisch Sinnesgenuss. Aber wir wissen schließlich auch alle, dass uns gewöhnliche Begierde und Verlangen ruhelos machen. Üben wir dagegen mit Gewahrsein und Verständnis solche Umwandlungsmethoden wie die Yoga-Methode von Chenrezig, führt die Glückseligkeit, die wir empfinden, zur Integration und einspitzigen Konzentration. Deshalb heißt es auch, Tantra habe die Kraft, Begierde umzuwandeln. Seine Methoden ermöglichen uns, Begierde zum Pfad zu machen. Natürlich möchte ich damit nicht sagen, wir müssten uns bei jeder gewöhnlichen Erfahrung von Begierde einfach nur vorstellen, es handele sich um den Pfad zur Befreiung. So ist das nicht gemeint.

Bei der Visualisierung von Chenrezig sehen wir ihn nicht in einem stofflichen Aspekt, so als bestünde er aus materieller Energie. Wir müssen begreifen, dass er durch und durch aus Bewusstseins-Energie besteht. Er ist von der Natur transzendenter, glückseliger Weisheit des Klaren Lichts und Universellen Mitgefühls. Erkennt ihr das, so verändert sich eure Beziehung zu Chenrezig vollkommen; sie wird zu einer transzendenten Beziehung, die Weisheit und Erwachen zum Inhalt hat.

Mit diesem Verständnis stoppt jede Empfindung von Glückseligkeit ganz automatisch die Begierde, statt sie noch zu stärken, wie es bei gewöhnlichen Sinnesgenüssen geschieht. Wir benutzen oft das Beispiel des Insekts, das in einem Holzstamm geboren wurde, darin lebt und ihn gleichzeitig verzehrt. Das Insekt kommt vom Holz und zerstört es gleichzeitig. Ähnliches geht im Tantra vor sich: Die glückselige Erfahrung, die aus der Begierde entsteht, zerstört sie schließlich.

Das ist ein gutes und leicht nachvollziehbares Beispiel. Vom Verstand her ist es leicht zu erfassen. Die Meditationstechniken des Tantra versetzen uns in die Lage, Glückseligkeit zu benutzen, um Begierde loszulassen und damit tatsächlich alle psychischen Probleme zu überwinden. Mit Geschick und Weisheit ist es möglich, eine Situation, bei der Begierde im Spiel ist, zu benutzen, statt sie abzulehnen. Zur Illustration: Vielleicht mögt ihr keine Milch, aber statt sie abzulehnen, benutzt ihr sie um fantastischen Frischkäse daraus zu machen.

Damit euer Geist zum Pfad werden kann, damit er wirklich verwendbar wird und ihr die Glückseligkeit erfahren könnt, braucht ihr viel Reinigung, viel kraftvollen Segen. Traditionellerweise praktizieren wir Guruyoga zur Reinigung und um den Segen zu erhalten – und genau das tun wir hier.

Entwicklungsstufe

Der Fachbegriff für die Verwandlung in Chenrezig, die wir hier vollziehen, ist „Entwicklungsstufe" oder „Erzeugunsstufe des Tantra". Aber diese Begriffe sind nicht allzu wichtig. Der gesamte Prozess – der Guru, der sich in euch auflöst und eins mit euch wird, das allmähliche Kleinerwerden des strahlenden Lichtkörpers, seine letztendliche Auflösung in die Leerheit und dann die Selbsterzeugung als Chenrezig aus dieser Leerheit heraus – ist die grundlegende Methode; genau das ist die Erzeugungsstufe.

Unsere konkrete Vorstellung von dem, was wir sind, hindert uns daran, die Gottheit zu verwirklichen; die Projektionen unseres Ego sind zu stark. Wir haben furchtbar starke Emotionen – wie können wir sie loslassen? Es nutzt nichts, einfach nur vor sich hin zu sagen: „Ich bin nichts, ich bin nichts." Ich könnte euch den ganzen Tag über sagen, dass ihr nichts seid, aber davon verschwinden die Projektionen eures Ego keineswegs. Versteht ihr, was ich sagen möchte? Mit diesen Techniken der Geistesschulung könnt ihr dagegen leicht die Leerheit erfahren und dabei die Fantasien eures Ego loslassen, die besagen: „Ich bin dies, ich bin das." Gleich zu Anfang sagen wir: *tong pa nyi gyi lha,* was „Leerheitsgottheit" bedeutet. Das ist äußerst wichtig, wenn man Chenrezig verwirklichen will.

Unser Selbstbild ist nichts als eine Halluzination. Es hat ganz und gar nichts mit der Wirklichkeit zu tun , ist aber trotzdem sehr stark. Als ihr heute morgen beim Frühstück saßt, war es zum Beispiel dieses konkrete Ich, das es genoss – ein konkretes Ich, das sich irgendwo innerhalb eurer fünf Aggregate befindet, ein hungriges Ich in eurem Magen. Ich spreche hier nicht von intellektuellen Vorgängen; das spielt sich auf der instinktiven Ebene ab.

Das Ego ist sehr trickreich. Wenn ihr mit dem Verstand prüft, wenn ihr das Ego sucht, verschwindet es. Habt ihr dagegen einen intensiven Kontakt mit einem Objekt der Sinne – wie zum Beispiel starke Anziehung oder starken Hass gegenüber einer anderen Person – oder ihr wollt euer Frühstück –, kommt das Ego mit aller Kraft hervor. Zu anderen Zeiten bleibt es in seinem Versteck.

Seid ihr einmal in der Lage, die Leerheits-Gottheit zu verwirklichen, dann könnt ihr in Momenten eines starken Kontakts mit Sinnesobjekten die konkrete Projektion eines „Ich" deutlich erkennen. Solch ein Ich ist in Wirklichkeit vollkommen nicht-existent, und die Projektion ist das genaue Gegenteil der Sicht der Leerheit. Mit intensivem Gewahrsein seht ihr die ganz und gar erfundene Projektion, die sich dann in nichts auflöst. Weil sie nichts ist, verschwindet sie. In diesem Moment erfahrt ihr die Leerheit.

Leerheit zerstört die Wirklichkeit nicht

Die Weisheit der Leerheit zerstört keineswegs die Wirklichkeit der äußeren Welt. Das Einzige, was hier zerstört wird, ist die Fantasie, die ein Trugbild des Ego ist, und zu einer völlig veränderten Erfahrung der Wirklichkeit führt.

Wenn ihr erkennt, dass die konkrete Projektion des Ich – diese idealistische Fantasie, an die ihr unzählige Leben lang geglaubt habt – nicht existiert, dann löst sie sich völlig ins Nichts auf. Alles wird leer. Diese Erfahrung ist die Weisheit der Leerheit. In diesem Augenblick erscheint euch überhaupt nichts, nicht einmal die relativen Dinge, die ihr normalerweise seht. Kommt ihr dann wieder aus der Meditation hervor und nehmt wieder Formen, Farben und so weiter wahr, dann erscheinen sie wie Abbilder in einem Spiegel. In der Erfahrung der Leerheit gibt es dagegen keinerlei Erscheinungen.

Wenn sich die Erfahrung der Leerheit zum ersten Mal einstellt, so kann einen das erschrecken. Man hat plötzlich das Gefühl, ganz und gar zu verschwinden. Ihr könntet meditieren, die Leerheit erfahren und plötzlich spüren: „Ich bin völlig weg." Lama Tsong Khapa unterrichtete einmal die Leerheit, da griff einer seiner Schüler plötzlich nach seinem Körper – er dachte, er wäre verschwunden. Lama Tsong Khapa freute sich sehr darüber. Er sah, dass sein Schüler gerade eine Erfahrung der Leerheit gemacht hatte. Solch ein kostbarer Schüler: Sein Geist war bereit! Lama Tsong Khapa brauchte nur die Leerheit anzusprechen, und schon hatte der Schüler die direkte Erfahrung.

Es ist also möglich. Das ist ein gutes Beispiel; es sollte euch anfeuern und ermutigen. Erschreckt also nicht, wenn ihr ein wenig Angst bekommt; schenkt ihr einfach keine Beachtung. Lasst einfach los, und bleibt gleichzeitig aufmerksam und bewusst.

Leerheit ist nichts Religiöses

Paramitayana und Vajrayana betonen die Leerheit gleichermaßen. Wir bezeichnen die Leerheit als die Essenz des Dharma. Leerheit ist eine glückselige Erfahrung, Nektar. Sie ist kein religiöser Trip und auch nicht einfach nur etwas Mythisches, niemand hat sie sich ausgedacht. Aus wissenschaftlicher Sicht ist die Leerheit die Wirklichkeit, es handelt sich also nicht nur um eine Glaubenssache. Die Leerheit ist etwas Unglaubliches; sie ist die Essenz der universellen Phänomene. Wenn ihr die Leerheit verwirklicht, verschwinden alle konkreten Vorstellungen des Ego, ihr seid automatisch befreit und erfahrt die immer währende Glückseligkeit. Leerheit ist das wirkliche Dharma; sie ist das, was euch zur Buddhaschaft emporhebt.

Die Leerheit wird symbolisch durch ein Schwert dargestellt. Das Weisheitsschwert der Leerheit durchtrennt alle Hindernisse, durchschneidet alle Verblendungen. Liebende Güte ist dagegen weich wie Watte – ganz gleich wie fest man sie berührt, sie schadet niemals.

Wir können beobachten, wie wir halluzinieren. Heute morgen ging euer hungriges Ich frühstücken, und obwohl das hungrige Ich rasch verschwand, während ihr aßt, blieb doch das Gefühl: „Ich bin ein hungriger Mensch." Ihr hieltet weiter an diesem „ich-hungriger-Mensch-esse" fest. Wir haben eine dermaßen konkrete Sicht von uns selbst.

Wir denken auch, das Ich von gestern esse das Frühstück von heute. Auch das ist eine falsche Vorstellung. Das Du von gestern existiert nicht mehr. Aber wir denken so, wir bringen vergangene Erfahrungen ständig in die Gegenwart: „Ich bin das; nun tue ich jenes." Die Vergangenheit ist vergangen. Doch obwohl die Vergangenheit längst verschwunden ist, holt ihr sie immer wieder herbei; ihr wollt nicht, dass sie verschwindet – doch damit wollt ihr etwas Unmögliches. Sie ist schon zum Nichts geworden.

Auf der intellektuellen Ebene beschäftigen wir uns gerne mit Vergänglichkeit: „Alles verändert sich von einer Minute zur anderen" – aber eigentlich wollen wir nicht loslassen: Das Ich von gestern ist heute noch da. Aber unsere Erfahrungen dieses Lebens – bis hin zur gegenwärtigen Minute – all das sind nicht wir. All das ist bereits vergangen. Ganz gleich wie viel ihr idealisiert: „Ich bin dies, ich bin jenes", all das sind bloße Vorstellungen. Sobald ihr euch mit etwas identifiziert habt, seid ihr schon jemand anderes. Überprüft das, es ist eine wissenschaftliche Wirklichkeit, nicht nur eine psychische.

Eine kurze Erfahrung der Leerheit ist nicht genug, um unsere Trugbilder von etwas Konkretem, die Fantasien darüber, wer wir sind, durchzuschneiden. Kommt aber ein Verständnis der Leerheit dazu – erkennen wir, wie unser Ego durch das konzeptuelle Bewusstsein entsteht, von welcher Natur es ist, wie wir die gesamte Fantasie hervorbringen – so versetzt das dem Ego einen wirklichen Schlag; etwas ganz Revolutionäres passiert.

Manche Leute glauben, Leerheit sei ein sehr schwieriges Thema, das man viele Jahre lang studieren muss, bevor man zu einem Verständnis gelangt. Natürlich könnt und solltet ihr sie studieren, aber solange ihr nicht genau euer halluziniertes Fantasie-Ego – die Vorstellung von etwas Konkretem, die euer eigener Geist erschafft – betrachtet, gelangt ihr nirgendwohin. Ein rein intellektuelles Verständnis der Leerheit reicht nicht aus. Ihr werdet immer noch hungrig bleiben – wie der Tourist, der vom Mount Everest hört, ihn aber nie mit eigenen Augen sieht. Die Philosophie zu erlernen ist nützlich, aber ihr werdet erst dann eine Erfahrung der Leerheit machen, wenn ihr einfach und ganz praktisch eure eigene Ego-Sicht betrachtet.

Wenn ihr über Leerheit meditiert, ist da beispielsweise zuerst ein konkretes Gefühl „Ich bin das." Wenn ihr analysiert, verschwindet dieses Ich plötzlich. Fangt nicht an zu intellektualisieren, wenn sich diese Erfahrung einstellt. Lasst einfach los, ohne irgendwelche Erwartungen zu hegen. Stellt sich dann erneut die Fantasie ein, prüft sie wieder mit Geschick. Sobald ihr intensives Gewahrsein anwendet, verschwindet das Ego. Konzentriert euch auf diese Leerheit, die Abwesenheit eines Ich. Meditiert über das Objekt, die Leerheit.

Einige Zen-Philosophen sagen, es gäbe kein Objekt. In Wirklichkeit gibt es aber immer ein Objekt; es ist nicht möglich, ein Subjekt, nämlich den Geist, zu haben, ohne dass es ein Objekt gäbe. Der Geist ohne ein Objekt ist wie ein alter

Mann ohne Stock: Er kann nicht stehen. Der Geist und sein Objekt sind völlig voneinander abhängig. Der Geist kann nicht ohne Objekt existieren; solch ein Bewusstsein gibt es nicht.

Es gibt jedoch viele verschiedene Ebenen von Objekten: grobe und subtile. Erreicht man die subtilste Ebene, könnte man fast sagen, es gäbe kein Objekt mehr, aber es ist doch vorhanden. Die Leerheit, die subtil ist, ist ein Objekt – kein konkretes Objekt, wie wir sonst gewohnt sind, aber doch etwas, was vom Geist gehalten und erkannt wird. Der Geist meditiert auch hier über etwas, denn er kann ohne ein Objekt nicht bestehen.

Einige Leute denken, wenn man die Leerheit ergründen wolle, sei es gut, sich so weit wie möglich von den Objekten fernzuhalten, die einem dazu bringen, an Selbst-Existenz festzuhalten. Das ist jedoch nicht richtig. Es ist, als würde man schlafen. Wir haben unzählige Leben lang geschlafen, unsere Augen waren verschlossen und Täuschungen haben sich eingestellt, eine nach der anderen, ununterbrochen wie ein Uhrwerk. Es sind allerdings nicht unsere Sinneswahrnehmungen, die uns zum Festhalten veranlassen, sondern unser geistiges Bewusstsein: die Vorstellungen des Ego. Unsere Sinne sind wie der Botschafter, das Ego dagegen ist der Präsident. Der Botschafter vermittelt bestimmte Informationen: „Ich bin das; ich bin jenes", das begriffliche Denken hat jedoch die Macht.

Meditation 1

Die Mahamudra-Gottheit werden 1

Nun wollen wir die Praxis üben.

Rezitiert zunächst das Gebet zum Stufenweg (siehe Seite 100) und löst dann Guru Chenrezig in euer Herz auf. Der strahlen-

de Lichtthron sinkt in den Lotus, der Lotus sinkt in den Mond und der Mond in den Körper von Guru Chenrezig. Nun löst sich Guru Chenrezig gleichzeitig von oben und unten ins Herzchakra auf und wird zu strahlendem Licht. Das Licht, die höchste transzendente Natur von Guru Chenrezig, sinkt durch euren Scheitel in euren zentralen Energiekanal und schließlich zum Herzen. Spürt, wie ihr vollkommen mit ihm vereint seid.

Nun löst sich euer gesamtes Wesen zusammen mit allem anderen magnetisch in Licht auf, welches in euer Herzchakra in der Mitte eurer Brust fließt. Alles wird allmählich immer kleiner … so klein wie Atome, so klein wie Neutronen … und verschwindet schließlich ganz in den leeren Raum. Spürt die Nicht-Dualität, die Nicht-Selbstexistenz. Verweilt so lange wie möglich in diesem leeren Raum und seht dabei alles mit der rechten Sicht der Leerheit.

Wenn ihr achtsam seid, spürt ihr nach einer Weile: „Gleich wird ein relatives Objekt entstehen." So etwas kündigt sich an. Bevor die Sonne aufgeht, gibt es schließlich auch gewisse Anzeichen. Nun entsteht eine Mondscheibe genau in dem Raum, in dem ihr verschwunden seid. Sie ist ein Symbol für euer Bewusstsein. Auf dem Mond steht eine strahlende Keimsilbe HRIH, ein Lichtstrahl, der den ganzen Raum mit Licht füllt. Richtet einen Teil eurer Aufmerksamkeit auf dieses Licht, das euer eigenes Bewusstsein ist.

Aus dem Raum ertönt nun der Klang von OM MANI PADME HUM. Er ist eine Nebenursache dafür, dass nun alles Licht in das HRIH zurückfließt, das sich dann unmittelbar in den göttlichen, strahlend weißen Lichtkörper von Chenrezig verwandelt. Er hat ein Gesicht und vier Arme. Zwei Hände sind als Symbol für vollkommene Einheit vor dem Herzen zusammengelegt; die anderen beiden sind erhoben, wobei eine eine Gebetskette aus Kristall hält und die andere einen kostbaren Lotus.

Während ihr eine klare Sicht eurer selbst als Gottheit aufrechterhaltet, erfahrt ihr göttlichen Stolz: „Das bin ich". Das ist die Praxis der Entwicklungsstufe.

Diese göttliche Sicht befreit euch automatisch von eurer weltlichen Sicht von euch selbst, eurem verblendeten, von Schuldgefühlen belasteten Selbstbild. Ihr geht über die Vorstellungen eures Ego hinaus. Das wird zu einer transzendenten, glückseligen Erfahrung.

Verfangt euch nicht im Intellekt; verweilt in dieser Kontemplation.

Diese Erfahrung der Shunyata-Gottheit, bei der man sich in die Leerheit auflöst, dann die Mondscheibe und die Keimsilbe entstehen lässt und schließlich zur transzendenten Gottheit Chenrezig wird, ist ausgesprochen wirkungsvoll. Ihr solltet versuchen, das zu verwirklichen – es ist eine sehr bedeutsame Erfahrung.

Manche Leute sorgen sich allerdings, weil sie denken, sie würden einfach nur eine Projektion des Geistes anschauen, wenn sie die Gottheit betrachten, und nicht den Geist selbst. Doch wenn man ein Objekt des Geistes betrachtet, so betrachtet man eigentlich den Geist selbst. Erkennt man ein Objekt des Geistes auf ganz klare Weise, so erkennt ihr gleichzeitig die Natur eures eigenen Geistes.

Erinnert euch: Über Leerheit meditiert man nicht nur in den Sitzungen, in denen man formal übt. Beim Aufwachen, beim Mittagessen könnt ihr ebenfalls Leerheit erfahren – man kann sie jederzeit erfahren. Das Ego ist gewieft; will man es beobachten, so ist es nicht zu bemerken, doch sobald ihr euch entspannt und dann eine besondere Situation entsteht, schlüpft es hervor und zwar ganz konkret. Entlarvt ihr es in diesem Moment, so verschwindet es: Diese Erfahrung ist sehr machtvoll, sie ist eine Leerheits-Erfahrung.

9 *Das Tiefe und das Klare*

Bringt euch selbst als Gottheit hervor, bevor ihr den Lehren zuhört.

Der Tradition zufolge geht der Schüler zunächst durch die Praxis der Erzeugungsstufe und wird zur Gottheit, bevor er einem Kommentar über eine Yoga-Methode wie der unsrigen zuhört. Ihr solltet also in jeder Sitzung zuerst drei oder vier Minuten lang *OM MANI PADME HUM* rezitieren, dann die Umgebung auflösen, selbst vollkommen zu Licht verschmelzen und in die Nicht-Selbst-Wesenheit verschwinden.

Versucht es jetzt: Alles ist von der Natur der Leerheit. Dann erscheint die Mondscheibe im Raum und darauf ein leuchtender Lichtstrahl, euer eigener Geist. Dieser Lichtstrahl verwandelt sich in den Regenbogenkörper von Chenrezig. Meditiert über diesen strahlend-klaren Regenbogenkörper.

Um die Einheit von Mahamudra-Körper, -Sprache und -Geist zu entdecken, solltet ihr schrittweise vorgehen. Wir versuchen hier die Mahamudra-Gottheit Chenrezig zu verwirklichen, die von der Natur des tiefen, klaren und glückseligen Bewusstseins ist.

Auf Tibetisch sagen wir: *„zhab sel nyi me gyi ku." Zhab* heißt „tiefgründig"; *sel* bedeutet „Klarheit", Natur des Klaren Lichts; *nyi* bedeutet „zwei", *me* bedeutet immer eine Negation

– *nyi me* heißt also „nicht-dualistisch"; *ku* bedeutet „göttlicher Körper" (auf Sanskrit: *kaya*). Das zeigt die Natur des Mahamudra-Körpers: Eure befreite Weisheits-Energie selbst verwandelt sich in den göttlichen Regenbogenkörper von Chenrezig.

Ein Regenbogen ist von Natur aus nicht-stofflich, und doch ist da eine klare Erscheinung seiner verschiedenen Farben. Der leuchtende Regenbogen-Körper von Chenrezig ist wie die Morgensonne, die die gesamte Welt umarmt: Er strahlt ins ganze Universum hinein. Der göttliche Körper von Chenrezig ist tief: Er ist von der Natur immer währender Glückseligkeit und seine Essenz ist das universelle Mitgefühl. Er ist transparent – wie Kristall. Und er ist nicht-dual, denn ihr seht euch als Gottheit und haltet gleichzeitig die richtige Sichtweise des Nicht-Selbst aufrecht. Sich selbst als Gottheit zu sehen, bringt große, glückselige transzendente Weisheit hervor, und befreit so alle weltlichen, dualistischen Gedanken. Chenrezigs göttlicher Körper ist nicht-dualistisch, tief und klar. Das ist der tantrische Yoga-Aspekt von Mahamudra.

Die Einheit von Methode und Weisheit

Der große Yogi Lama Tsong Khapa betonte: „Der Yogi, der den Vajrayana-Pfad übt, sollte Weisheit und Methode gleichzeitig verwirklichen, nicht eines nach dem anderen." Aus diesem Grund ist der tantrische Yoga-Pfad äußerst schnell: Methode und Weisheit werden gleichzeitig erfahren, vereinigt.

Weisheit und Methode sind vereint, wenn die Erfahrung großer Glückseligkeit und intensiv bewusster Weisheit die nicht-duale Natur, das Nicht-Selbst im göttlichen Körper erkennt. In einer intensiven Erfahrung der Weisheit werden beide gleichzeitig wahrgenommen – es ist nicht etwa so, dass ein Teil unseres Geistes den glückseligen Regenbogenkörper sieht und ein anderer die rechte Sicht der Nicht-Dualität. Eine Weisheits-Erfahrung erfüllt gleichzeitig diese beiden Funktionen.

Erinnerungsvermögen, Achtsamkeit

So verwirklichen wir Tiefe und Klarheit, das nicht-duale Mahamudra. Unsere befreite Weisheitsenergie wird in den göttlichen Regenbogenkörper verwandelt, über den wir meditieren. Versucht am Anfang nicht, die verschiedenen Teile des Körpers von Chenrezig zu sehen, beispielsweise sein Gesicht oder seine Arme; betrachtet mit eurem Geist das gesamte Objekt und spürt die Einheit. Wenn ihr ein vollständiges Bild habt, stellt sich Zufriedenheit ein. Greift nicht danach, lasst einfach so viel wie möglich los und bleibt mit eurem Geist unablässig bei dem göttlichen Körper von Chenrezig.

Auf diese Art eine Kontinuität aufrechterhalten: Das ist Erinnerungsvermögen oder Achtsamkeit. Solange ihr die Energie eures Erinnerungsvermögens beibehalten könnt, bleibt der Geist beim Objekt. Erinnerungsvermögen ist wie ein Haken und der ungezähmte Geist ist wie ein Elefant. Versucht man, einen Elefanten zu stark mit einem Haken zu sich zu ziehen, setzt man ihn also zu sehr unter Druck, wird er noch wilder. Daher sollte das Erinnerungsvermögen weder zu fest sein noch zu locker – wählt einen Mittelweg.

Bei der Entwicklung eurer Meditation ist es wichtig, Einheit zu entdecken, statt Zerstreuung zuzulassen. Habt ihr kein kontinuierliches Erinnerungsvermögen, dann merkt ihr es nicht einmal, wenn euer Geist in der Meditation nach Sydney oder Melbourne wandert. Mit gutem Erinnerungsvermögen kann man den Geist dagegen sofort zum Objekt der Meditation zurückbringen.

Wir sagen: „Ich will Frieden und Glück“; die Befreiung – wahrer Frieden und Glück – kommt indessen von der Meditation. Buddha hat viele Methoden gelehrt, mit denen man Konzentration, Sammlung, erlernen kann. Man kann alles als Objekt der Konzentration benutzen: den eigenen Atem, Erde, Luft, Feuer, Wasser und so weiter. In dieser Praxis meditieren wir über den göttlichen Körper von Chenrezig.

Meditation 2

Die Mahamudra-Gottheit werden 2

Ich möchte, dass ihr versucht zu erfahren, was ich bis jetzt erklärt habe. Zuerst üben wir die Absorption des Guru.

Visualisiert dann, dass sich alles, was ihr seid – euer gesamtes Nervensystem, eure Vorstellungskraft, euer Körper und euer Geist – in Licht auflöst. Dieses Licht wird immer kleiner, bis es schließlich verschwindet.

Versucht nun, die Einheit zu erfahren, die Sicht der Leerheit. Verweilt in der Vision des leeren Raumes. Diese Erfahrung ist nicht die tatsächliche Leerheit, aber wenn ihr die Vorstellung von eurem Selbst, euer Selbstbild, verliert, so spürt ihr automatisch eine Art Leerheit. Das ist genug. Lasst einfach los.

Schließlich erscheint aus dem leeren Raum ein Mond, der euer Bewusstsein ist. Meditiert darüber.

In der Mitte des Mondes erscheint dann ein Lichtstrahl, das HRIH. Es strahlt in den Raum des Universums, tilgt alle Unreinheiten aller fühlenden Wesen und bringt allen erhabenen Wesen Gaben dar – das braucht ihr euch aber nicht extra ausdenken, es geschieht ganz von selbst. Dann kommt das Licht zurück zum HRIH, welches ihr selbst seid.

Im Raum hört ihr den Klang des Mantra OM MANI PADME HUM. Das gibt euch – dem Lichtstrahl – Energie, und ihr verwandelt euch in den göttlichen Regenbogenkörper von Chenrezig. Eure eigene Weisheitsenergie verwandelt sich in die Mahamudra-Gottheit. Ihr seht den kristallenen Lichtkörper und erfahrt gleichzeitig Glückseligkeit und Nicht-Dualität. Dieser Körper ist euer Geist; euer Geist ist Subjekt und Objekt, die Einheit von Weisheit und Methode. Ihr seid die Mahamudra-Gottheit.

Verweilt und seid zufrieden. Denkt nicht: „Ich will dies sehen; ich will jenes sehen; das Gesicht, die Augen ...“ Seht einfach die Ganzheit. Meditiert für eine Weile; spannt dabei eure Konzentration nicht zu sehr an, lasst sie aber auch nicht zu locker.

Euer meditierender Geist ist nicht von eurer Achtsamkeit getrennt; sie sind eins. Eure Weisheit ist Achtsamkeit – auch wenn der Intellekt da unterscheiden will.

10 Klarheit und göttlicher Stolz

Zwei Arten von Meditation

Um vollkommene Sammlung im Zusammenhang mit der Mahamudra-Gottheit zu entwickeln, müssen wir zunächst ein intellektuelles Verständnis erwerben und dann ohne Intellekt meditieren – einfach loslassen. Einige Meditierende denken jedoch: „Der Intellekt ist Schrott; ich sollte ihn aufgeben." Andere wiederum halten den Intellekt für wichtiger als den gesammelten Geist. Beide Haltungen sind falsch. Wir brauchen sowohl ein intellektuelles Verständnis als auch Sammlung.

Mit dem Intellekt alleine können wir nie die Leerheit, die Mahamudra-Gottheit erfahren. Lässt man den Intellekt nicht los, um sich in die Meditation zu versenken, so bleibt man in der eigenen Fantasie stecken, statt zu einer echten Erfahrung zu kommen.

Wenn man mit der Meditation beginnt, braucht ihr jedoch den Verstand, um den Geist in die rechte Richtung zu lenken. Ist er einmal ausgerichtet, so müsst ihr loslassen, der Intellekt wird nicht mehr gebraucht, und die Erfahrung stellt sich automatisch ein.

Der erste Teil, bei dem man den Intellekt einsetzt, heißt *che gom,* analytische Meditation. *Gom* bedeutet Meditation: durchdringende, intensive analytische Weisheit, die die Situation klärt. Das wird in allen Einzelheiten in den Lamrim-Belehrungen erklärt. Wenn dann alles ausgerichtet ist, lasst ihr die Überlegungen los: Das nennt man dann *jog gom.*

Es ist wie beim Autofahren. Zuerst muss man sich an alles gewöhnen – die Bremsen, die Gangschaltung, das Lenkrad und so weiter – ist dieser Schritt erst einmal getan, kann man einfach loslassen und fahren. Versucht man dagegen zu fahren, ohne sich vorher mit allen Aspekten des Autofahrens vertraut zu machen, so kommt es leicht zu einem Unfall. Mit Klarheit wird das Fahren zu einer ganz spontanen Sache.

Bei der Meditation verhält es sich ähnlich. Prüft zunächst, wie viel ihr mit dem Verstand arbeiten müsst, bevor ihr euch in die Meditation versenken könnt. Schließlich werdet ihr wie ein Fisch, der durchs Wasser gleitet, ohne es dabei zu stören.

Klarheit und göttlicher Stolz

Wenn ihr euch auf die Mahamudra-Gottheit konzentriert, braucht ihr zwei Qualitäten: Klarheit und göttlichen Stolz. Auf Tibetisch heißt „Klarheit" *sel nang,* wobei *sel* „klar" bedeutet und *nang* „Sicht". Klarheit ist das Gegenmittel zu eurer gewöhnlichen Sicht und den weltlichen Gedanken, die sich durch sie ganz automatisch befreien. Wenn eure Sicht klar und göttlich ist, nehmen weltliche Anschauungen nicht überhand und euer ruheloser Geist wird durchgeschnitten.

Der göttliche Stolz, der Gedanke „Ich bin die Mahamudra-Gottheit" ist ein Gegenmittel gegen die gewöhnlichen Vorstellungen des Ego, der psychologische Glaube an die Fantasie eurer eigenen Identität. Das tibetische Wort für „Stolz“ ist *nga gyel.*

Im Augenblick leben wir in Bezug auf das, was wir zu sein glauben, in einer Fantasie-Welt. Sie ist bloß vorgestellt – so als würden wir uns vorstellen, in unserem Schlafzimmer sei ein Elefant. Was wir zu sein glauben, hat ganz und gar nichts mit der Wirklichkeit zu tun. Vielleicht bringt euch diese Aussage völlig durcheinander und ihr möchtet entgegnen: „Ich weiß, wer ich bin!“ Doch Buddha zufolge ist die Art und Weise, wie unser Ego unsere Identität aufbaut, reine Fantasie. Wir schaffen diese Blase unserer eigenen Identität und verbringen dann all unsere Zeit damit, hin und her zu rennen, um sie irgendwie aufrechtzuerhalten.

Der psychologische Effekt des göttlichen Stolzes ist leicht zu erkennen. Wenn ihr spürt, dass eure befreite Weisheitsenergie die Mahamudra-Gottheit Chenrezig ist, dann könnt ihr überhaupt nicht deprimiert sein – es gibt keinen Platz dafür. Schließlich gibt es in eurem Schlafzimmer auch ganz und gar keinen Platz für einen Elefanten.

Beim Meditieren solltet ihr euch zuerst um Klarheit bemühen, so dass ihr euch selbst sehr deutlich als Mahamudra-Gottheit wahrnehmt. Sobald die Visualisierung klar entstanden ist, entwickelt ihr dann den göttlichen Stolz.

Wird der göttliche Stolz zu stark, so dass ihr die Klarheit verliert, müsst ihr die Meditation wieder ins Gleichgewicht bringen.

Stellt sich Unzufriedenheit ein, während ihr euch konzentriert, und fangt ihr an zu denken „Ich brauche mehr Klarheit“, so kann es leicht passieren, dass ihr euch zu sehr bemüht, was wiederum zu Ablenkung führt. Es ist wichtig, sich zufrieden zu fühlen. Richtet euren Geist auf das Objekt und lasst los. Wollt ihr immer mehr, so werdet ihr dadurch abgelenkt – dann ist zu viel Aufregung im Spiel.

Geht geschickt vor – ihr müsst selbst herausfinden, wie viel Energie ihr jeweils für die Klarheit und für den göttlichen Stolz einsetzen müsst. Mit zunehmender Erfahrung werdet ihr das erlernen.

Meditation 3

Ein strahlendes Lichtei

Versuchen wir nun, Klarheit und göttlichen Stolz zu erfahren. Erinnert euch: Klarheit ist das Gegenmittel zur gewöhnlichen Sicht, zu weltlichen Gedanken, und der göttliche Stolz ist das Gegenmittel zu den gewöhnlichen Vorstellungen des Ego. Beide haben ihre jeweilige Funktion.

Vermeidet das Gefühl, etwas außerhalb von euch selbst zu betrachten, so als wäre da eine andere Person. Ihr solltet spüren: „Das bin ich." Genau das ist göttlicher Stolz.

Denkt auch nicht, euer Fleisch und eure Knochen bekämen Chenrezig! Um das zu vermeiden, spreche ich auch manchmal vom „Bewusstseinskörper" und weise darauf hin, dass es unsere befreite Weisheitsenergie ist, die sich in die göttliche Form von Chenrezig verwandelt. Ich benutze die verschiedenen Ausdrücke, um euch das Verständnis dieses Prozesses zu erleichtern.

Denkt: „Ja, ich verfüge über befreite Weisheit, besonders dann wenn meine konkreten Vorstellungen darüber, wer ich bin, verschwinden." Dann könnt ihr in einem gewissen Maße die Leerheit erfahren. Das ist eure Weisheit, und es ist genau diese Weisheit, die sich in die Mahamudra-Gottheit Chenrezig verwandelt. Denkt: „Das bin ich."

Wenn ihr euch auf den Lichtstrahl in der Mitte des Mondes konzentriert, denkt nicht: „Ich konzentriere mich jetzt." Spürt, wie euer Geist tatsächlich in diesen Lichtstrahl eintritt. Es sollte nicht so sein, als würdet ihr ihn von außen betrachten. Dann sendet ihr Licht in den Raum des Universums hinaus; aus dem Raum hört ihr den Klang des Mantra, der das Licht dazu bringt, wieder in den Lichtstrahl zurückzusinken. Der verwandelt sich dadurch sofort in den göttlichen Körper von Chenrezig. Meditiert dann über die Klarheit; hat sie sich eingestellt, entwickelt den göttlichen Stolz und richtet all eure Aufmerksamkeit darauf.

Im Raum vor euch erscheint Guru Chenrezig. Guru Chenrezigs Thron schmilzt zu Licht und sinkt in seinen Körper. Der strahlende Lichtkörper von Guru Chenrezig löst sich – von den Füßen nach oben und vom Scheitel nach unten – in den Mond an seinem Herzen auf. Der Mond löst sich in das HRIH auf, das wie ein Ei aus strahlendem Licht wirkt. Dieses strahlende Licht tritt in euren Zentralkanal ein und sinkt nach unten in euer Herzchakra, so dass die Essenz von Chenrezig eins mit euch wird. Das Lichtei durchstrahlt euer gesamtes Nervensystem.

Nun schmilzt die gesamte Energie eures Körpers, löst sich in strahlendes Licht auf. Dieses Licht wird immer kleiner – kleiner als Atome und Neutronen – und verschwindet schließlich im leeren Raum. Lasst los – in das Nichts hinein, während ein Teil eures Geistes die rechte Sicht der Nicht-Selbstexistenz aufrechterhält.

Nun erscheint ein kostbarer Lotus. Auf dem Lotus ist ein Mond, in dessen Mitte sich ein Lichtstrahl befindet. Richtet eure Konzentration auf diesen Lichtstrahl. Spürt, dass ihr eins mit diesem Lichtstrahl seid; lasst euren Geist hineinsinken.

Von diesem Lichtstrahl geht Licht aus, das alle Phänomene dieses Universums erfasst. Dann hört ihr den göttlichen Klang von OM MANI PADME HUM, der aus dem Raum heraus ertönt. Er bringt das Licht dazu, sich wieder in den Lichtstrahl an eurem Herzen aufzulösen. Euer befreiter Weisheitsenergie-Lichtstrahl verwandelt sich sofort in den göttlichen, strahlenden Lichtkörper von Chenrezig, der so rein und klar wie Kristall ist. Während ihr die Klarheit der Sicht aufrechterhaltet, denkt: „Dieser glückselige, nicht-duale Regenbogenkörper bin ich."

Verändert nun das Objekt eurer Konzentration. In eurem Chenrezig-Herzen ist ein strahlender Lichtmond und darauf ein Lichtstrahl. In einem Moment löst sich euer Chenrezig-Regenbogenkörper von oben und unten in den Mond auf und der Mond verschmilzt mit dem Lichtstrahl. Dieser wird kleiner und immer kleiner – schließlich löst er sich in den leeren Raum hinein auf. Erfahrt die Nicht-Dualität, die Nicht-Selbstexistenz.

Nun erscheint im Raum ein Mond und darauf ein Lichtstrahl, der sich in euch, Chenrezig verwandelt. Seht das deutlich, und erfahrt gleichzeitig die rechte Sicht der Leerheit. Diese Erfahrung sollte so sein, als wäret ihr ein Zauberer, der eine magische Illusion erzeugt hat, zum Beispiel die eines Pferdes: Wenn gewöhnliche Menschen dieses Pferd sehen, halten sie es für real, der Zauberer dagegen sieht es zwar genau wie die anderen Menschen, weiß aber, dass es nicht real ist.

Erfahrt die Mahamudra-Gottheit auf diese Weise.

11 *Alle Erscheinungen in Chenrezig verwandeln*

Dieser Meditationskurs ist eine intensive Klausur; daher sollten wir die Yoga-Methode jederzeit, das heißt Tag und Nacht, üben. Und ihr solltet nicht nur euch selbst, sondern auch alle anderen fühlenden Wesen als Mahamudra-Gottheit sehen. Auch eure Umgebung solltet ihr nicht als gewöhnlich und weltlich ansehen. Als transzendente Mahamudra-Gottheit solltet ihr nicht die gewöhnliche Betrachtungsweise haben, dass wir hier in Queensland, Australien, sitzen – das wäre eine falsche Sicht. Ihr müsst erkennen, dass alles das Mandala von Chenrezig ist und sein Mandala aus glückseliger Weisheit besteht.

Meditation 4

Die Trugbilder lösen sich in Licht auf

Nach der Auflösung in die Leerheit, wenn die Mondscheibe und der Lichtstrahl wieder im Raum erschienen sind und Licht ausstrahlen, das alle Energie dieses Universums umfasst, sollte sich alles in strahlendes Licht auflösen: das Chenrezig Insti-

tute, das gesamte Queensland, das gesamte Australien, die ganze Welt, alle fühlenden Wesen und alles andere.

Achtet darauf, wirklich alles in Licht aufzulösen, besonders die Dinge, in die ihr gerade verwickelt seid oder die euch besonders anziehen. Das ist eine ausgesprochen wirkungsvolle psychologische Methode. Das gesamte Puzzle eurer konfliktträchtigen Umgebung wird verarbeitet, indem ihr es magnetisch in das strahlende Licht hinein auflöst – nun könnt ihr also keinerlei konkrete Sicht von Strand, Meer und Gebirge mehr haben. Dieses trügerische Gemälde löst sich auf. Ihr fantasiert auch nicht mehr, was wohl als Nächstes aus der Küche kommen wird, nach dem Motto: „Was wird es zum Abendessen geben?"

Nach dieser Auflösung verwandelt ihr den Lichtstrahl mithilfe starken konzentrierten Gewahrseins in den göttlichen Körper von Chenrezig. Im gesamten Raum des Universums seid nur ihr, Chenrezig. Meditiert darüber, bis ihr es wirklich klar seht. Wenn sich Ablenkung einstellt, erkennt sie als verblendete geistige Energie. Lehnt sie aber nicht ab, sondern beobachtet sie mit intensivem Gewahrsein – so wird sich die Blase, die Ablenkung, von selbst auflösen.

Die Wirklichkeit unserer Fantasien

Man könnte eigentlich sagen: Wenn sich die Ablenkung in den leeren Raum auflöst, ist genau das die Wirklichkeit der Fantasie. Stellt euch vor, jemand erzähle euch eine großartige Geschichte, etwa dass ein Raumschiff vom Mond mit lauter Mondmenschen an Bord in Brisbane gelandet sei. Man sagt euch, die Mondmenschen seien so groß wie der Hügel dort drüben, ihre Münder seien so riesig wie der Tempel von *Chenrezig Institute* und sie hätten zwei Muscheln im Haar. Wäret ihr nicht sehr aufgeregt, wenn ihr so etwas hören würdet? Würdet ihr nicht selbst nachsehen wollen? Stellt euch vor, ihr würdet nach Brisbane eilen, fragen, wo das Raumschiff zu finden ist, es hier und dort suchen, aber nichts finden. Erst hört ihr so eine fantastische Geschichte, dann all die Aufregung und die Sucherei, und schließlich findet ihr nichts. In diesem Augenblick wäre da ein Gefühl von Raum, nicht wahr? Als wäre das Objekt eurer Fantasie verloren gegangen. „Ich bin von so weit hergekommen – und nun ist gar nichts da!" Es würde sich ein Gefühl von Leerheit einstellen.

Natürlich wäret ihr in dieser Situation unzufrieden darüber, dass ihr nichts gefunden habt. Aber dieses Nicht-Finden ist die Wirklichkeit der Fantasie! Nach all diesen Emotionen und all dem Idealismus findet ihr schließlich heraus, dass nichts dahinter ist. Dieses Nichts ist die Wirklichkeit der Fantasie. Ergibt das einen Sinn? Ich spreche hier von psychologischer Realität. Unsere gewöhnlichen Erfahrungen erzeugen tiefe Unzufriedenheit, aber eigentlich ist das lächerlich. Das geschieht, weil wir der Wirklichkeit nicht ins Gesicht sehen. Unsere Fantasien sind nicht die Wirklichkeit und daher ist es so, dass wir nichts finden, wenn wir überprüfen, was uns erscheint.

Entstehen Täuschungen während unserer konzentrierten Meditation über die Gottheit, so solltet ihr sie nicht ablehnen. Betrachtet sie einfach, dann werden sie ganz von selbst verschwinden und ihr werdet automatisch zum Meditationsobjekt zurückkehren. Manchmal könnt ihr auch das Objekt der Täuschung betrachten, statt die Täuschung selbst zu beobachten. Prüft, beobachtet, auch das Objekt wird ganz von selbst verschwinden.

„Die drei geheimen Methoden der Erhabenen"

Es gibt noch eine weitere Methode, um Ablenkungen freizusetzen. Verwandelt alle Ablenkungen bei ihrem Entstehen in den göttlichen Körper von Chenrezig, in die Mahamudra-Gottheit, und lasst diesen dann in euch, Chenrezig, sinken und sich mit euch vereinen. Erkennt alle Erscheinungen als Verkörperungen der Mahamudra-Gottheit, alle Klänge als transzendentes Mantra und alle Gedanken als Dharmakaya von Chenrezig.

Im Text wird von den „drei geheimen Methoden der Erhabenen" gesprochen: „Sieh die gesamte Umgebung als die glückselige Wohnstätte; sieh alle Wesen als Verkörperungen der Gottheit und höre alle Klänge als Mantra, während du dir intuitiv bewusst bist, dass alles leer von wahrer Existenz ist."

Warum werden Körper, Sprache und glückselige Weisheit der Mahamudra-Gottheit als geheim bezeichnet? Weil wir im Augenblick verblendet sind; wir können sie nicht sehen. Wir nennen sie nicht deshalb „geheim", weil sie niemandem gezeigt werden sollten. „Geheim" bedeutet hier einfach „schwer zu erkennen".

Der buddhistischen, wissenschaftlichen Erfahrung zufolge hat alles – Formen, Farben, Gerüche, Wasser, Feuer – Klangenergie. Vielleicht ist es schwer für uns zu begreifen, dass die Säule, die hier das Dach hält, Klang hat. Gibt es ähnliche Erklärungen in der westlichen Wissenschaft? Ich glaube, dass die moderne wissenschaftliche Forschung und die Erfahrungswissenschaft des Buddha zu den gleichen Ergebnissen kommen.

Klang ist etwas so Einfaches. Vielleicht kommt jemand zu euch und sagt: „Du bist so hübsch!" Dieser Klang macht euch glücklich. Doch wenn ihr jemand anderen sagen hört: „Du bist hässlich", dann stimmt euch dieser Klang ganz und gar nicht froh. Ein Klang hebt eure Stimmung, der nächste trübt sie. Das ist aber nur eine psychologische Wirklichkeit, nicht wahr?

Betrachten wir sie etwas anders, so sind beide Aussagen bloßer Klang. Wir haben dessen Bedeutung jedoch übertrieben stark wahrgenommen und so hat er uns emotional aufgewühlt. Wir sind wie Kinder: keine Weisheit, keine Selbstbeherrschung. Es passiert oft, dass sich Teilnehmer nach einem Meditationkurs wie diesem genau wie Kinder benehmen, wenn sie nach Hause in ihre gewohnte Umgebung zurückkehren. Sie machen einfach bei allem mit, was sich ihnen präsentiert. Sie sind nicht in der Lage, ihr eigenes Mandala zu bewahren, und schieben die Schuld allen anderen zu: der Gesellschaft, der Situation, den Nachbarn, den Kindern und so weiter.

Mit einem tieferen Verständnis bewirken jedoch alle Klänge ein Gefühl von Befreiung; ganz gleich, von welcher Natur sie sind, man hört sie dann vollkommen gleich.

Meditation 5

Das Mantra rezitieren

Habt ihr den Eindruck, dass ihr euch auf den göttlichen Körper konzentrieren könnt, so lange ihr wollt, dann geht zu einem feineren Konzentrationsobjekt über. An eurem Chenrezig-Herz befindet sich das sechsilbige Mantra OM MANI PADME HUM. Konzentriert euch darauf und rezitiert es. Ihr solltet das Mantra gerade so laut sprechen, dass ihr es selbst noch hören könnt, andere jedoch nicht. Auch das Mantra ist eine Transformation der glückseligen Weisheit.

Während ihr das Mantra sprecht, stellt euch vor, dass Licht von ihm ausgeht und in den gesamten Raum des Universums strahlt. Es verwandelt die Energie des Universums in Licht, das dann wiederum in das Mantra an eurem Herzen sinkt.

Psychologisch gesehen gibt es eine ganze Menge Aktivität am Herzen – es geht geschäftiger zu als im Supermarkt. Oft hört man Leute sagen: „Du solltest offener sein", doch zum Öffnen des Herzens braucht man einen Schlüssel. Eure psychische Welt und euer Nervensystem haben eine enge Verbindung. Daher ist es sehr wichtig, Licht von eurem Chenrezig-Herzen auszusenden und dann alles wieder ins Herz hinein aufzulösen.

Zur Zeit ist all die verunreinigte, unglückliche Energie in eurem Nervensystem – Anhaftung, Wut und der Rest – aktiviert, sie verhindert das Funktionieren eurer reinen Energie. Wenn ihr alles in Licht auflöst und es dann in euer Chenrezig-Herz verschmelzen lasst, so befreit das all eure blockierte Energie. Sie sinkt in den Zentralkanal und aktiviert eure reine Energie, die dadurch wirksam wird. Das ist der Schlüssel zum Öffnen eures Herzens.

Auch der Körper ist wichtig

Tantrisches Yoga legt Wert auf das Körperliche und das Psychologische – beides ist wichtig. Ihr könnt nicht sagen: „Dieser lumpige Körper taugt nichts, er ist mir egal." Das wäre falsch. Bei bestimmten Initiationen muss man sogar ein Gelübde ablegen, den eigenen Körper nie zu kritisieren, sondern ihn positiv zu sehen, sich um ihn zu kümmern und ihn sauber und gesund zu erhalten.

Natürlich wird im Hinayana-Teil des Lamrim darüber gesprochen, dass die fünf Aggregate von der Natur des Leidens sind – auch das stimmt. Hinayana und Vajrayana widersprechen sich nicht; es kommt alles auf die geistige Ebene des Individuums an. Alle diese Lehren sind ein Teil des Stufenwegs zur Erleuchtung. Am Anfang brauchen wir eine bestimmte Herangehensweise; wenn sich dann eine Verwirklichung einstellt, legen wir sie wieder ab und gehen vorwärts. Dem tantrischen Yoga zufolge ist dieser Körper sehr kostbar, wie ein Diamant – wir können seine Energie auf dem glückseligen Pfad zur Befreiung benutzen.

Es gibt auch Erklärungen über die unterschiedlichen Funktionen eines jeden Chakras. Es könnte zum Beispiel sein, dass ihr es schwer findet, Glückseligkeit in eurer Meditation zu empfinden. Vielleicht ist die Sammlung gut, aber bei der Glückseligkeit hapert es. In diesem Fall könntet ihr das Mantra vom Herz-Chakra zum Nabel bringen und eure Konzentration dorthin lenken. Überprüft, ob sich das Gefühl verändert; spürt, ob ihr nun mehr Glückseligkeit erlebt. Funktioniert das nicht, so könntet ihr versuchen, das Mantra noch tiefer, nämlich am unteren Chakra, zu visualisieren. Das sollte automatisch eine glückselige Erfahrung hervorbringen.

Erfahrt ihr aber Glückseligkeit ohne durchdringende, intensive Weisheit – die rechte Sicht –, so führt sie zu einem gewöhnlichen Geisteszustand. Sobald sich eine glückselige Erfahrung einstellt, solltet ihr sie daher unbedingt mit der Erkenntnis der Leerheit verbinden. Erst dadurch wird eure Erfahrung zu etwas Transzendentem.

Wenn ihr wirklich den Mahamudra-Körper und die Erzeugungsstufe versteht, müsst ihr nichts weiter tun: Glückseligkeit und Leerheit kommen von selbst gleichzeitig auf. Der Regenbogenkörper ist automatisch glückselig und klar. Einfach nur den göttlichen Chenrezig-Körper zu sehen, bewirkt transzendente Glückseligkeit – genau so wie der Anblick eines schönen Menschenkörpers glückselige samsarische Energie entstehen lässt. Der bloße Anblick von Chenrezigs Regenbogenkörper ruft eine unglaublich glückselige Erfahrung und ein Gefühl von Einheit, von Nicht-Selbstexistenz hervor. Für den, der diesen Prozess wirklich versteht, kommen diese Dinge zusammen.

Diese Sitzung ist damit beendet. Denkt daran: Wenn ihr zufrieden mit eurer Konzentration auf den Mahamudra-Körper seid, könnt ihr den Geist auf das Mantra richten.

Außerdem: Wenn ihr etwas Schlechtes seht, so denkt: „Schlecht ist nicht so schlecht", und wenn ihr etwas Fantastisches seht, so denkt: „Gut ist nicht so gut." Das hört sich vielleicht albern an. „Was soll das heißen?", fragt ihr euch. Aber es ist in der Tat sehr tiefgründig. Hat man diese Art von Einstellung, dann hat man mehr Kontrolle und wird nicht so stark von äußeren Situationen beeinflusst.

12 Sprachliche und geistige Rezitation

Vielleicht denkt ihr: „Wie soll ich in einer Sitzung so eine tiefgründige Praxis verwirklichen, die so viele universelle Themen beinhaltet?" So solltet ihr nicht denken. Wenn ihr es für zu schwer haltet, wird es problematisch. Aber wenn man alles zusammenbringt, ist es recht einfach. Lasst uns daher von Anfang bis zum Ende durch die gesamte Praxis gehen.

Meditation 6

Alles zum Mantra werden lassen

Visualisiert vor euch die Untrennbarkeit von Lama und dem göttlichen Chenrezig, der auf Mondsitz, Lotus und einem strahlenden Thron ruht. Denkt nicht, ihr hättet Guru Chenrezig in den Raum vor euch gebracht. Stellt euch stattdessen vor, dass er mit seinen übernatürlichen Fähigkeiten in den Raum vor euch gekommen ist: „Wenn du mich suchst, sieh her, hier bin ich."

OM MANI PADME HUM, OM MANI PADME HUM, OM MANI PADME HUM.

Der aus strahlendem Licht gemachte Thron löst sich in den Lotus auf, dieser verschmilzt mit dem Mond, und schließlich sinkt der Mond in den Körper von Guru Chenrezig. Dieser löst sich von oben und unten in das Herzchakra auf, so dass er schließlich nur noch ein strahlendes Lichtei ist. Dieses Lichtei, die transzendente erhabene Natur von Guru Chenrezig, sinkt durch euren Scheitel, den Zentralkanal hinunter bis zum Herz. Spürt die Einheit.

Von diesem Lichtei geht strahlendes Licht aus, das euer gesamtes Nervensystem anfüllt. Nun löst sich euer Lichtkörper von oben und unten her auf und wird immer kleiner – so klein wie Atome und Neutronen – und verschwindet schließlich im leeren Raum, der seiner Natur nach unendlich ist. Euer Bewusstsein geht in den leeren Raum, erkennt die Natur der Ganzheit – kein Anfang, kein Ende, keine Selbst-Identität. Lasst euren Geist los – in die Nicht-Dualität hinein.

Plötzlich erscheint aus dem unendlichen Raum, aus der Nicht-Dualität heraus, ein kostbarer Lotus mit einer Mondscheibe. In der Mitte des Mondes erscheint ein Lichtstrahl, eine Silbe HRIH. Richtet eure Aufmerksamkeit darauf; euer Bewusstsein sinkt in die Silbe – wird vollkommen eins mit ihr. Von diesem Lichtstrahl geht unendlich viel Licht in den gesamten Raum des Universums aus, berührt magnetisch alle Energie dieses Universums, alle vier Elemente, und verwandelt alles in strahlendes Licht.

Erfahrt vollkommene Einheit, spürt wie alles eins wird. Euer Bewusstsein umfängt das gesamte Universum.

Nun hört ihr den Klang von OM MANI PADME HUM im Raum ertönen. Er bringt das strahlende Licht dazu, sich in den Strahl auf der Mondscheibe aufzulösen. Ihr, der Lichtstrahl, verwandelt euch nun in den Mahamudra-Körper von Chenrezig: ein weißer strahlender Lichtkörper, ein Regenbogenkörper, ein Klarheitskörper, ein tiefgründiger Körper, ein Kristall-

körper, durch den man hindurchsehen kann. Dieser göttliche Körper ist so schön! Ein Gesicht, das so viel Glückseligkeit erzeugt, wenn man es nur anblickt. Er hat vier Arme: Zwei sind am Herzen zusammengelegt, was vollkommene Einheit symbolisiert, die anderen streckt er nach oben, wobei eine Hand eine Gebetskette aus Kristall hält und die andere einen kostbaren Lotus. Meditiert über euren göttlichen Chenrezig-Körper, der von seiner Natur her glückselig ist. Lasst den Verstand beiseite, spürt die Einheit: „Das bin ich." Lasst los. Durch den Anblick dieses wunderschönen göttlichen Körpers entsteht automatisch Glückseligkeit.

Nun wendet sich eure Achtsamkeit dem Mantra an eurem Herzen zu, von dem Licht in euer gesamtes Chenrezig-Nervensystem ausstrahlt. Das Licht strahlt dann auch in das Universum hinaus, umfasst und reinigt den gesamten Raum des Universums, die vier Elemente; es verwandelt alles in das Mantra und alle fühlenden Wesen in Chenrezig. Alles ist von der Natur von transzendenter Weisheit und Mitgefühl. Bleibt eine Weile auf das Mantra konzentriert: OM MANI PADME HUM.

Nun schmelzt ihr, Chenrezig, von oben und unten in die Mondscheibe an eurem Herzen. Der Mond löst sich in das Mantra auf, welches wiederum in den Lichtstrahl, das HRIH, sinkt. Das HRIH löst sich von unten her auf und verschwindet in den leeren Raum.

Nun erscheint im Raum wieder eine Mondscheibe und der Lichtstrahl, der sich in Chenrezigs göttlichen Körper verwandelt. Richtet all eure Aufmerksamkeit auf euch selbst in diesem Aspekt.

Meditation 7

Geistige Rezitation und Anhalten des Atems

Habt ihr eine Weile über den göttlichen Körper von Chenrezig meditiert und empfindet eure Konzentration als gut, so richtet eure Aufmerksamkeit auf das Mantra. Setzt gleichzeitig eure Atmung ein, um eure Sammlung noch zu verbessern. Während ihr euch geistig auf das Mantra konzentriert, atmet langsam, sanft und tief ein. Haltet inne. Wenn ihr den Atem nicht mehr länger anhalten könnt, atmet langsam aus. Aber lasst euch von der Atmung nicht ablenken, bleibt auf das Mantra konzentriert. Dieser Prozess erleichtert die Entwicklung tiefer Sammlungszustände.

Ist eure Sammlung gut, dann stellt sich das Gefühl ein, eure Atmung sei in euer Herzchakra verschwunden. Ihr spürt ihre Bewegungen nicht mehr; es ist fast so, als würde der Atem stillstehen.

Wenn du bei deiner Meditation über den göttlichen Körper das Gefühl hast, du könntest nun einen Schritt weiter gehen, dann richte deine Aufmerksamkeit auf das Mantra. Traditionellerweise zählen wir das Mantra, während wir es flüsternd rezitieren. Auf Tibetisch heißt das *ngag-de*. Du kannst es aber auch geistig rezitieren, wenn deine Sammlung etwas besser geworden ist, und gleichzeitig körperliche Energie einsetzen; dies heißt dann *yi-de*. Während du dich geistig auf das Mantra konzentrierst, atme ein – langsam, sanft und vollständig. Halte den Atem an und atme schließlich langsam aus, wenn du musst. Beachte den Atem aber nicht, bleibe ganz auf das Mantra konzentriert. Diese Methode erleichtert die Verwirklichung geistiger Sammlung.

Bewegt sich deine Windenergie, so bewegt sich dein Geist automatisch; sie bewegen sich zusammen. Bist du in der Lage, deinen Atem zu kontrollieren, so kann auch dein Geist ruhig bleiben. Statt dauernd in Bewegung zu sein und Ablenkungen zu produzieren, bleibt er gesammelt. Selbst in unserer alltäglichen Erfahrung lässt sich die Beziehung zwischen der Luft-Energie und dem Geist beobachten: Wenn jemand sehr emotional wird, geht sein Atem sehr schwer und das Einatmen wird wesentlich stärker als das Ausatmen.

Wenn deine Sammlung gut ist, spürst du, dass dein Atem in das Herzchakra verschwindet, du spürst dann seine Bewegung nicht mehr. Es ist so, als hätte die Atmung aufgehört. Das ist auch tatsächlich möglich. Der westlichen Wissenschaft zufolge kann man nicht aufhören zu atmen, solange man lebendig ist – aber nach der Wissenschaft des Buddha ist das möglich.

In einigen Sitzungen könnt ihr euch auf die Form des Mantra konzentrieren und Licht in den Raum des gesamten Universums senden, wobei ihr alle Lebewesen in Chenrezig verwandelt und das Universum in das Mantra von der Natur transzendenten, glückseligen, strahlenden Lichts. In der nächsten Sitzung könnt ihr euch einfach geistig auf das Mantra konzentrieren, statt es zu rezitieren. Geht jedoch zuerst durch den gesamten Prozess der Auflösung und so weiter, denn er hilft euch, Sammlung zu entwickeln. Begebt ihr euch tatsächlich in diese Praxis, so ist sie einfach; solange ihr jedoch nur ein rein intellektuelles Wissen habt, könnte es sein, dass sie schwierig erscheint.

13 Dem Negativen die Tür verschließen

Das künstlich erzeugte Selbst verlieren

Ganz gleich, was ihr für euer „Ich" haltet: „Ich bin das; ich bin jenes", es ist alles vom Geist erfunden, alles vom Geist benannt. Prüft ihr mit intensiver Weisheit, so seht ihr, dass ganz und gar nichts zu finden ist. Es ist wie bei einem Schauspieler: In einer Minute spiegelt er vor, eine bestimmte Person zu sein, und in der nächsten Minute zieht er sich um und wird zu jemand anderem.

Von dem Augenblick an, in dem Tom seinen Namen bekam, denkt er jeden Tag, jeden Monat, Jahr um Jahr: „Ich bin Tom." Er denkt, Tom sei etwas, was sich in seinem Körper finden lasse. Seine falsche Vorstellung glaubt, dass seine selbstexistente Wesenheit innerhalb seiner fünf Aggregate existiert. Es ist ihm immer so erschienen. Solch ein Tom ist jedoch nicht zu finden; sein Selbstbild entspricht ganz und gar nicht der Wirklichkeit.

Einer Verbindung aus Formen und Farben wird der Name „Tom" gegeben, dann entsteht eine bestimmte Vorstellung, eine bestimmte Einbildung: „Das ist Tom." Auf dieser Basis entsteht die falsche Vorstellung: „Ich bin Tom." Im Grunde ist in dem Augenblick, in dem der Name gegeben wird, dieser Tom schon verschwunden. Die in Abhängigkeit existierende Verbindung von verschiedenen Faktoren, die die Basis für den Namen „Tom" war, existiert nicht mehr. Neue Aggregate, neue Farben, neue Formen sind entstanden und doch bleibt die Vorstellung „ich bin Tom" bestehen und es heißt: „Das bin ich, das bin ich, das bin ich." All das ist nur vom Geist geschaffen. Genau so ist es. Es gibt nichts Existierendes, was nicht vom Geist geschaffen wäre; nichts hat Selbstexistenz. Das ist die Wirklichkeit.

Ganz gleich, was wir sind – Studentin, Bauer oder irgend etwas anderes – ganz gleich, welche Benennung uns zuteil wird, wir definieren uns ständig: „Ich bin dies; ich bin jenes." Aber all das ist gänzlich geistgeschaffen. Es gibt keine selbstexistente Wesenheit dort. Alle fühlenden Wesen sind gleich: „Ich bin eine Ameise; ich bin eine Kuh; ich bin ein Affe."

Wissenschaftlich gesehen ist es klar, dass wir uns alle andauernd verändern, doch wir zeigen auf unseren Körper und haben ganz instinktiv das Gefühl: „Das bin ich." Wenn ihr diese Person genau betrachtet, so könnt ihr – zumindest intellektuell – verstehen, wie euer begriffliches Denken solch eine selbstexistente Wesenheit erschafft.

Die eigentliche Erfahrung der nicht-selbstexistenten Wesenheit stellt sich ein, wenn ihr aus dem Zustand der Konzentration hervorkommt und es euch so erscheint, als sei euer künstlich erzeugtes Selbst verloren gegangen. Doch auch ohne eine solche direkte Erfahrung, lässt sich die Wirklichkeit auch durch klare, analytische Weisheit verstehen.

Auf diese Weise könnt ihr verstehen, dass der göttliche Stolz die Gottheit zu sein – „Ich bin dieses; ich bin jenes" –, nichts Neues und auch keine reine Erfindung ist. Diese Wirklichkeit ist schon immer da gewesen, es geht nur darum, sie zu erkennen. Wenn sich die schwere, dicke Schwingung eurer normalen Ich-Projektion aufgelöst hat, werdet ihr empfindlicher; eure Sicht verfeinert sich. Habt ihr eine feinere Sicht der Phänomene, so habt ihr Weisheit, seid befreiter; es stellt sich eine Sicht der Ganzheit ein. Eure fanatische Sicht verschwindet; eure neurotische Sicht verschwindet; eure unglückliche Energie verschwindet.

Diese befreite Weisheitsenergie verwandelt sich in den Lichtstrahl und dieser wiederum in den Regenbogenkörper der Mahamudra-Gottheit – er ist noch schöner als ein Regenbogen. Stellt euch vor, ihr hättet den Körper eines Sechzehnjährigen; der bloße Anblick dieses transzendenten Regenbogenkörpers bewirkt Glückseligkeit.

Der göttliche Stolz, mithilfe dessen ihr euch damit identifiziert, befreit automatisch die gewöhnliche illusionäre Vorstellung davon, wer ihr seid, sowie die Wahrnehmung, dass ihr aus euch selbst heraus existiert.

Diese glückselige Erfahrung ist – besonders, wenn sie mit einem tiefen Konzentrationszustand verbunden ist – zwar nicht wirklich Nirwana, die Befreiung, aber sie ist ihr sehr ähnlich. Es handelt sich um eine dauerhafte Erfahrung der Glückseligkeit. Diese geistige Energie kann sich ausbreiten, die gesamte Energie des Universums umfassen, statt nur auf diesen samsarischen Körper und alle samsarischen Objekte beschränkt zu sein. Ihr geht über die Ebene von Täuschungen hinaus. Diese Erfahrung ist unerschütterlich, während normale, von Täuschungen geprägte Erfahrungen ins Wanken geraten. Ihr überwindet weltliche Erwartungen, die Konflikte, Unentschlossenheit und Zweifel mit sich bringen.

Ihr habt tatsächlich die Möglichkeit, immer in dieser Erfahrung zu verweilen, ohne jemals herauszufallen. Sobald aber der Intellekt zu stark ins Spiel kommt und ihr euch fragt, wie eure Erfahrung ist, verschwindet sie vermutlich.

Meditation 8

Feuer und Mantraklang

Verschiebt eure Aufmerksamkeit vom Regenbogenkörper zum Herzen, dorthin, wo sich das Mantra OM MANI PADME HUM befindet – nun habt ihr ein sehr feines Objekt der Konzentration. Das Mantra umringt die Keimsilbe HRIH, den Lichtstrahl. Das HRIH und das Mantra sind weiß. Konzentriert euch zunächst auf die Keimsilbe, während ihr das Mantra rezitiert.

Wenn eure Sammlung stark, unzerstörbar geworden ist, stellt euch vor, wie Licht vom Mantra und der Keimsilbe an euren Chenrezig-Herzen in das Universum hinein ausstrahlt und alles reinigt – all die fühlenden Wesen, die hierhin und dahin gehen, alle Dinge, die wachsen, die Erde selbst. Alles wird in glückselige Weisheit verwandelt und alle Wesen werden zu Chenrezig. Überall wohin ihr schaut, ist alles von der Natur glückseliger Lichtenergie.

Alles in dieser Weise zu sehen, verschließt die Tür zu Negativität, Eifersucht, Wut, Anhaften und dergleichen. Dann gibt es keinen Platz mehr für das Entstehen einer solchen Geisteshaltung. Wenn euer Glas mit Milchshake angefüllt ist, dann gibt es keinen Platz mehr für Coca-Cola. Das menschliche Bewusstsein ist unglaublich, unbegrenzt und extrem kraftvoll.

Die Lamrim-Belehrungen erklären dies. Am Anfang des Lamrim stehen die Erklärungen darüber, wie großartig unsere menschliche Natur ist; wenn wir das erkennen, haben wir viel Lebensenergie. Sonst denken wir immer: „Ich kann das nicht tun; es tut mir leid, ich bin nichts!" Wir verfügen über kraftvolle nukleare Energie, aber wir denken immer noch, wir seien niemand. Lächerlich!

Nach der verbalen Rezitation des Mantra könnt ihr es geistig rezitieren. Meditiert danach über den Klang des Mantras, ohne die Buchstaben zu visualisieren. Wir nennen das de chu la mi tho pa sam ten. De chu *bedeutet die Rezitation des Mantras und* sam ten *Sammlung. Ihr selbst seid Chenrezig und richtet eure geistige Konzentration auf die Feuer-Empfindung auf dem Mond an eurem Herzen und auf den Klang des transzendenten Mantras OM MANI PADME HUM, das ganz und gar eins mit dem Feuer ist. Euer Geist tritt in das Feuer ein; er verwandelt sich und vereint sich mit dem Mantra. Hört dem Klang des Mantras zu.*

Der Klang des Mantras erscheint euch jedoch in einer anderen Art. Vorher habt ihr bei OM-MANI-PADME-HUM eine Silbe nach der anderen gehört. Jetzt erklingen diese sechs Silben alle gleichzeitig. Das ist ein besonderer Aspekt der Technik, der euer Herz öffnet. Während ihr über die Feuer-Empfindung meditiert, wird eure Weisheits-Energie simultan in Klang transformiert. Also konzentriert euch auf die Feuer-Empfindung und den Klang gleichzeitig – die beiden Aspekte steigern sich gegenseitig. Dieser Prozess hat die magnetische Kraft, all eure Windenergie automatisch in euren Zentralkanal zu bringen.

Beginnt damit, dass ihr euch stark auf das Feuer konzentriert, und verbindet das dann mit der rechten Sicht der Leerheit, eurer befreiten Weisheit, die eins mit dem Klang des Mantra ist.

Eure Konzentration lässt sich durch die zuvor erwähnte Technik des Atem-Anhaltens verbessern: Atmet langsam, sanft und vollständig aus; dann atmet langsam, sanft und vollständig ein. Haltet nun euren Atem an und konzentriert euch gleichzeitig. Das ist ein Abkürzungsweg zur perfekten Sammlung, und sobald ihr diese einmal entwickelt habt, verspürt ihr körperliche und geistige Glückseligkeit.

Im Besonderen ist die glückselige Energie eures Herzens dann ganz und gar verbunden mit eurem gesamten physischen Nervensystem. Ihr fühlt euch fast berauscht von der glückseligen Energie, die das Nervensystem eures Chenrezig-Regenbogenkörpers erfüllt. Spürt diese vollkommen glückselige Erfahrung. Habt ihr Erfolg bei der Entwicklung dieser Konzentration, so überwindet ihr Hunger und Durst. Durch diese Technik lässt sich zudem glückselige Hitze-Energie erzeugen.

Mantras können heilen

Diese Art von Meditation kann Krankheiten heilen – Krebs, Hepatitis und andere. Sie ist unglaublich nützlich. Krankheit wird durch unausgeglichene Energie erzeugt; das machtvolle weiße Licht kann Besserung bewirken. Mantras sind besonders wirkungsvoll; wenn man Kranke nach einer intensiven Mantrarezitation anbläst, so kann man sie damit heilen.

Ich habe das selbst als Fünfzehnjähriger im Sera-Kloster einmal erlebt: Ich hatte eine schlimme Entzündung im Mund, meine Wange war stark angeschwollen. Ich ging zu meinem Onkel, einem Lama, und saß bei ihm, während er Mantras rezitierte. Das ging ein paar Tage lang so. Dann blies er eines Tages nach seiner Mantrarezitation auf meine Wange und – mit einem Schlag kam der ganze Eiter heraus. So kraftvoll sind Mantras.

Wenn man Mantras in der Nähe von jemandem rezitiert, der von einem Geist besessen ist, so kann man diesen damit austreiben. Man kann auch den Zorn einer anderen Person damit besänftigen und Ärger-Energie beruhigen.

Menschen, die eine Yoga-Methode wie die von Chenrezig aufrichtig praktizieren, werden zu Heilern, weil sie Mitgefühl entwickeln. Strahlendes Licht zu allen fühlenden Wesen im Universum auszusenden, ist realistischer und machtvoller, als einfach nur zu sagen: „Ich liebe dich." Unsere gewöhnliche Liebe ist weltlich, emotional, beschränkt. Wir sagen vielleicht: „Oh ja, ich gebe dir alles", aber das hat nicht viel Kraft. So etwas ist gut, aber nicht gut genug.

Wenn ihr durch die Praxis der Yoga-Methode die befreiende Energie immerwährender Glückseligkeit erfahren habt und mit dem rechten Verständnis strahlend weißes Licht ausgesendet habt, so ist das äußerst kraftvoll. Negatives lässt sich schwer bekämpfen, wenn eure Energie schwach ist. Elektrisches Licht kann ein dunkles Zimmer auch wesentlich besser beleuchten als eine Kerze. So ist es eben.

14 Die beiden Hindernisse bei der Entwicklung von Sammlung

Die beiden Haupthindernisse bei der Meditation

Es gibt unzählige Hindernisse, die der vollkommenen Kontemplation im Wege stehen. Sie lassen sich in zwei Kategorien zusammenfassen: Eine heißt Ablenkung, die andere Dumpfheit.

Ablenkungen werden oft durch Verlangen, Eifersucht, Zorn und so weiter verursacht. Richtet sich das Verlangen auf eine andere Person, so solltet ihr über Vergänglichkeit und die Natur des Leidens nachdenken.

Aufgrund von Faulheit kommt es dazu, dass unser Geist abwandert. Wir geben uns bei unserer Meditation nicht genug Mühe, weil wir noch nicht genug verstanden haben, welche Wirkungen gute Konzentration haben kann. Wir verstehen ganz genau, welche Auswirkungen unser Gang zum Supermarkt hat, nämlich dass wir all die guten Supermarkt-Dinge genießen können. Wir verstehen, welche Auswirkungen unsere samsarischen Aktivitäten haben – aber sie sind im Vergleich wirklich nichts!

Das Resultat von geistiger Sammlung ist dauernde Glückseligkeit, Frieden, ein immerwährender erwachter Geisteszustand. Wenn ihr das versteht, wenn ihr erkennt, wie wertvoll die Konzentrationskraft ist – wollt ihr sie dann nicht erwerben? In dem Fall würde eure Faulheit von selbst verschwinden; ihr hättet viel Energie und würdet euch sehr bemühen. Ihr würdet euch nicht einmal mehr Sorgen ums Essen machen.

Setzt ihr die zuvor erklärte Meditation über die Feuer-Empfindung am Herzen in die Tat um, so stellen sich Zeichen des Erfolgs ein. Es kann beispielsweise passieren, dass ihr die Glocke hört, die zum Mittagessen ruft, und denkt: „Ach, wie lästig!" Damit will ich nicht sagen, infolge eurer Versenkung würdet ihr weder Hunger noch Durst verspüren; aber es ist so als würdet ihr innerlich singen, weil ihr so glückselig seid. Ganz von selbst stellt sich das Gefühl ein: „Ich könnte ewig ohne Essen und Trinken auskommen." So etwas ist ein Erfolgszeichen; es ist aber nicht das Ziel der Praxis. Es ist so als würdet ihr das erste Morgenlicht sehen und erkennen, dass die Sonne nun bald aufgeht – das Licht weist auf den bevorstehenden Sonnenaufgang hin.

Ähnlich ist es mit der Erfahrung glückseliger Hitze während der Meditation: Sie zeigt einen gewissen Erfolg bei der Praxis, aber sie ist nicht das Ziel der Meditation.

Wenn ihr einen Zustand sehr tiefer Sammlung erreicht, wird die Dumpfheit zum Haupthindernis. Sie kann in grober oder subtiler Form auftreten. Die grobe Dumpfheit ist leichter zu erkennen, die subtile Ebene ist sehr schwer auszumachen. Man kann den Zustand subtiler Dumpfheit leicht mit korrekter Konzentration verwechseln. Es ist ein Zustand, in dem man für immer bleiben könnte, es fehlt jedoch die Kraft der Achtsamkeit – deshalb ist er gefährlich. Vielleicht denkt ihr, es müsste doch in Ordnung sein, in solch einem Zustand zu verweilen, weil das westliche Nervensystem ansonsten so geschäftig ist.

Aber wenn ihr – etwa in einer dreijährigen Klausur – in diesen Zustand verfallt, so ist das sehr problematisch.

Einige Meditierende mögen denken, sie hätten vollkommene Sammlung erreicht; der Geist wird nicht abgelenkt, er ist frei von allen Täuschungen und Sinneseindrücken – er erfährt reine Glückseligkeit. Sie denken: „Das ist fantastisch! Jemand könnte mir einen Messerstich versetzen, und ich würde keinen Schmerz spüren. Nun habe ich keinerlei Anhaftung an sinnliche Erfahrungen mehr." Der Geist hat sich in diesem Fall tatsächlich verfeinert, doch fehlt die volle Achtsamkeit; es fehlt die intensive Weisheit. Der Zustand gleicht dem Schlaf.

Bei den meisten von uns wird noch viel Zeit verstreichen, bevor wir uns ernsthaft Gedanken über diese Gefahren machen müssen. Aber einige Leute, die eine starke Abneigung gegen die weltliche Existenz haben, versuchen zu heftig, Samadhi zu erlangen. Sie lehnen alles ab, aber das führt nur zu psychischen Problemen. Sie ziehen sich zur Meditation zurück und landen dadurch im psychiatrischen Krankenhaus. Das ist durchaus möglich.

In Tibet wurde normalerweise nicht so intensiv in der Gruppe meditiert, wie wir es hier getan haben. Wir Tibeter erhalten zwar die Anweisungen in der Gruppe, gehen dann aber normalerweise alleine in Klausur. Ein idealer Klausurplatz sollte ruhig und friedlich sein, sollte gutes Wasser haben und eine schöne Umgebung. Außerdem sollte man nicht selbst einkaufen gehen müssen und jemand anderes sollte das Essen zubereiten. Meditiert einfach nur, dann stellt sich leicht der Erfolg ein.

Natürlich haben die meisten von uns Zeitprobleme. Trotzdem haben wir ein wenig Zeit gefunden, um hier eine Erfahrung zu machen, und dabei ein gewisses Maß an Befriedigung empfunden. Ihr solltet aber nicht glauben, dass ihr innerhalb kurzer Zeit die verschiedenen Meditationen realisieren könnt, über die wir hier gesprochen haben. Das dauert lange. Auf diesem Weg gibt es viele Schritte.

Meditation 9

Feuer und Mantraklang 2

Wir werden nun die Übung nochmals zusammen praktizieren. Wenn ihr zu sehr mit dem Verstand an diese Dinge herangeht, kommen die Erfahrungen nur schwerlich zustande. Loslassen ist ausgesprochen wichtig. Dieses Mal werden wir das Mantra zunächst praktizieren, ohne es sprachlich zu rezitieren und dann zur Feuer-Empfindung übergehen. Als Erstes üben wir jedoch den Prozess der Absorption: Indem wir ihn immer wieder üben, wird er uns immer leichter fallen.

OM MANI PADME HUM

Der Körper von Guru Chenrezig schmilzt zu Licht und wird zu einem strahlenden Lichtei. Aus dem Raum vor euch kommt es zu eurem Scheitel, tritt durch euer Scheitelchakra in euren Körper ein und kommt durch den zentralen Energiekanal nach unten zum Herzchakra. Es wird ganz und gar eins mit eurem Geist.

Nun schmilzt die gesamte Energie des Körpers zu Licht und löst sich von oben und unten in euer Herzchakra auf – das Licht wird immer kleiner – so klein wie Atome, so klein wie Neutronen – und verschwindet schließlich gänzlich im Raum. Eure Psyche lässt vollständig los – in den leeren Raum hinein; ihr lasst den Verstand beiseite. Erfahrt die Nicht-Dualität, jenseits jedes begrifflichen Denkens.

Eine Mondscheibe erscheint im Raum. In deren Mitte befindet sich ein Lichtstrahl. Von dort geht Licht in den gesamten Raum des Universums aus, strahlt sogar über die Grenzen dieses Sonnensystems hinaus und verwandelt alle Energien dieses Universums in Licht. Die gesamte verwandelte Energie sinkt schließlich in den Lichtstrahl: Das ist euer Bewusstsein. Es verwandelt sich in den Regenbogenkörper von Chenrezig. Er ist aus strahlend weißem Licht, wie Kristall, durchsichtig, ein wunderschöner Lichtkörper, wie ein klares Abbild im Spiegel, von der Natur glückseliger, bewusster, befreiter Weisheit. Es ist eine klare göttliche Form, ohne jegliche stoffliche Energie. Der bloße Anblick einer solchen glückseligen Energie bringt eine glückselige Erfahrung in eurem Geist hervor: „Das bin ich."

Richtet eure Konzentration auf euer Chenrezig-Herz. Auf der Mondscheibe befindet sich die Energie einer feurigen Empfindung, die nun zum Objekt eurer Konzentration wird, während ihr euch dauernd bewusst bleibt, dass sie eine Transformation eurer glückseligen Weisheitsenergie ist. Gleichzeitig hört ihr den Klang des Mantra, der ebenfalls eins damit ist. Aber statt eine Silbe nach der anderen zu hören, so als wäre da eine dualistische Aufteilung in Subjekt und Objekt, hört ihr das gesamte Mantra gleichzeitig. Lasst einfach los; ihr braucht euch dabei nicht zu sehr anzustrengen. Da ist diese Empfindung von Feuer, eins mit eurem Geist, der zum Mantra geworden ist – darauf konzentriert ihr euch.

Nun sinkt euer Chenrezig-Körper in die Mondscheibe an eurem Herzchakra; der Mond sinkt in das Feuer; das Feuer löst sich in den Klang auf. Dann verschwindet der Klang in den leeren universellen Raum. Euer Geist geht in das Nichts, in die Leerheit, in die Formlosigkeit – da ist kein Klang, keine Farbe …

Wenn ihr diese Meditation über die Feuer-Empfindung verwirklicht habt, seid ihr in einem Zustand jenseits von Mantrarezitation angelangt. Deshalb braucht ihr dann die Mantras auch nicht mehr zählen, ihr seid darüber hinausgegangen.

Wenn ihr wieder aus eurer Sammlung hervorkommt, solltet ihr alle Klänge als transzendentes Mantra hören, alle Farben und Formen als Regenbogenkörper von Chenrezig sehen und erkennen, dass jedes Bewusstsein von der Natur glückseliger Weisheit ist. Alle Erscheinungen der Welt der Sinne gleichen von einem Magier erzeugten Trugbildern.

15 Verblendungen können uns die Wirklichkeit zeigen

Mit Ablenkungen umgehen

Stellen sich während unserer Meditation Ablenkungen und weltliche Gedanken ein, sollten wir nicht wütend werden oder sie ablehnen. Kommen Täuschungen auf, so sollten wir sie benutzen. „Herzlich willkommen! Möchtet ihr eintreten?" Weltliche Gedanken sind eure Lehrer; sie bringen euch Verwirklichungen, sie zeigen euch die Wirklichkeit. Stellt euch vor, ihr würdet plötzlich an Schokoladekuchen denken – solche Ablenkungen lassen sich leicht auf dem Pfad zur Erleuchtung benutzen.

Erstens: Warum entsteht dieser Gedanke an den Schokoladekuchen? Weil eure früheren angenehmen Erfahrungen mit Schokoladekuchen einen Eindruck im Geist hinterlassen haben. Die Erfahrung selbst ist schon lange vergangen, doch der Eindruck ist geblieben, wie ein Siegel-Abdruck im Geist. Solange dieser Abdruck da ist, prägt er unser Erleben.

Das Gleiche gilt für alle psychischen Erfahrungen – von Glück, Unglück, Zorn, Glückseligkeit –, nichts geht verloren. Sie wurden eurem Geist aufgedrückt, in euren Geist-Computer einprogrammiert. Sie sind stets da. Das nennt man „Gedächtnis". Es gibt da eine Kontinuität zwischen der Erfahrung in der Vergangenheit und der gegenwärtigen Erinnerung an sie. Das gleicht der Elektrizität: Die Quelle ist irgendwo anders, doch die Energie kommt durch die verschiedenen Drähte dorthin, wo wir uns gerade befinden, ohne unterbrochen zu werden.

Die Erfahrung von Verlangen ist also schon vorbei – wer handelt dann jetzt noch unter ihrem Einfluss? Der Tom, der in der Vergangenheit Verlangen verspürt hat, ist vollkommen nicht-existent; der gegenwärtige Tom ist vollkommen nicht-existent. Aber die Erinnerung an die Erfahrung ist noch da. Die frühere Erfahrung, der Gedanke, die Person, das Objekt – all dies ist vorbei, doch die Erinnerung an die Begierde und das Verlangen kommt auf, weil es diesen Eindruck im Geist gibt.

Wenn ihr versteht, dass die Erfahrung des Schokoladekuchens abhängig entsteht, könnt ihr erkennen, dass sie keinerlei Selbstexistenz hat, dass sie nicht vom Objekt kommt, sondern von eurer geistigen Energie. Das kann man auch ohne viele Erklärungen verstehen. Das ist doch recht einfach, oder? Der Eindruck dieser früheren Schokoladekuchen-Erfahrung ist stets vorhanden, ob ihr nun wach seid, schlaft oder meditiert. Natürlich gibt es dann noch Nebenursachen: ein Hungergefühl, das Entstehen von Verlangen und das Objekt, der Schokoladekuchen. Alle diese Ursachen spielen zusammen.

Wir müssen erkennen, dass dieser verführerische Schokoladekuchen lediglich ein Trugbild ist. Es gibt dieses Objekt gar nicht; es ist eher so, dass sich der Eindruck in eurem Geist als Schokoladekuchen manifestiert. Überprüft es wissenschaftlich: Wo ist der Schokoladekuchen? Er ist eine Projektion eures von Täuschungen heimgesuchten Geistes. Ohne die vorhergehende Erfahrung von Schokoladekuchen, könnte es jetzt diesen Gedanken an den Schokoladekuchen nicht geben. Eure Erfahrung hat mit äußerem Schokoladekuchen nichts zu tun, euer Schokoladekuchen ist ein inneres Objekt. Euer Begierdeobjekt ist eine Fantasie, ein Trugbild.

Jedes Mal, wenn ihr euch an den Schokoladekuchen erinnert und Begierde entsteht, gießt ihr Öl auf das Feuer eurer Begierde. Und ihr glaubt immer weiter daran, dass er real ist. Die meiste Zeit über sehen wir die Dinge als real und glauben auch daran, dass sie real existieren. Aber tatsächlich gleichen sie Träumen.

Sobald der Gedanke an Schokoladekuchen in eurer Meditation entsteht, solltet ihr daher mit intensiver Weisheit erkennen, dass es sich um eine Halluzination, ein geistiges Bild handelt und dass da draußen nichts existiert. Das wird einen starken Eindruck in eurem Geist hinterlassen. Danach werdet ihr alle Situationen, die in eurem Leben entstehen, auf die gleiche Weise sehen.

Erinnert ihr euch an die Geschichte vom Seil, das für eine Schlange gehalten wird? Wenn man glaubt, es sei eine Schlange, so erzeugt das Angst. Hier ist es genau das Gleiche. Wenn ihr an den selbstexistenten Schokoladekuchen glaubt, entstehen die Täuschungen. Erkennt ihr dagegen beim Anblick des Kuchens, dass er nicht-dualistisch ist und nicht aus sich selbst heraus existiert, so entsteht eine Art Dharmakaya-Erfahrung. Das ist die befreite Weisheit: Dieser Geisteszustand erschafft keine Begierde.

Ich möchte das nochmals wiederholen: Wenn ein weltlicher Gedanke an einen Schokoladekuchen in eurer Meditationssitzung entsteht, solltet ihr ein intensives Weisheitsbewusstsein benutzen, um das Objekt genau zu betrachten. Dadurch erkennt ihr, dass es eine bloße Manifestation geistiger Energie ist. Da ist nur Geist; kein Objekt existiert. Aufgrund eurer früheren Erfahrung von Schokoladekuchen entsteht jetzt eine Erinnerung daran. Die Vergangenheit ist vorbei; die Zukunft ist noch nicht gekommen. Daher muss es sich um reine Halluzination handeln.

Geschickte, unzerstörbare Weisheit ist der Schlüssel. Statt sich in halluzinierte Objekte verwickeln zu lassen, lasst ihre eine Erfahrung der Glückseligkeit entstehen. Sehen wir den Kuchen als Trugbild, so erschüttert das automatisch unsere Begierde und löst sie auf. Glaubt ihr dagegen an die konkrete Existenz eines realen Kuchens, so stärkt das die Fantasie-Schwingung und indem ihr immer wieder reagiert, sammelt ihr verblendetes Karma.

Eure Verblendungen sind eure Lehrer

Auf diese Weise könnt ihr die Verblendungen als euren Lehrer gebrauchen. Nach buddhistischer Sicht ist ein Lehrer jemand, der euch die Wirklichkeit zeigt. Diese Erfahrungen sind somit eure Lehrer. Haben wir Weisheit und Methode, so können alle unserer Erfahrungen zu Lehrmeistern werden; echtes Lernen kommt nicht vom Bücherlesen. Der Wind, das Wasser, wachsende Blumen, ein wachsender Bart: All das wird zum Lehrmeister, all das spricht zu uns. Nur unser beschränkter Geist denkt, das Wissen befände sich in Bibliotheken. Für die Person, die den Stufenweg zur Erleuchtung wirklich versteht, kann selbst der Supermarkt zum Lehrer werden. Ganz gleich, wohin ihr geht, alles was ihr seht, zeigt euch die Wirklichkeit.

Ablenkungen und Täuschungen, die während eurer Meditation oder im Alltag auftauchen, können hilfreich sein, statt zu Hindernissen auf dem Weg zur Befreiung zu werden. Sie können uns dazu verhelfen, den Dharmakaya, die Leerheit zu erkennen. Unsere Täuschungen sind freundlich: Sie zeigen uns die Wirklichkeit der Leerheit. Wie könnte es richtige Vorstellungen geben, wenn es keine falschen gäbe.

Indem wir die Weisheit unserer Innenschau benutzen, können wir erkennen, dass diese Trugbilder vom Geist kommen. Geistige Energie wird in den Schokoladekuchen verwandelt. All das hat nichts mit einem äußeren Schokoladekuchen zu tun, solch ein Ding gibt es nicht. Wenn wir das erkennen, stellt sich automatisch eine Leerheits-Erfahrung ein.

Aber geht nicht zu hastig vor; wenn man mit geistiger Energie arbeitet, kann man nichts übereilen. Alles braucht seine Zeit. Seid geduldig. Akzeptiert, wo ihr steht. Sich selbst unter Druck zu setzen, ist nicht weise. So wird euch am Anfang die Ablenkung durch den Schokoladekuchen vielleicht betrüben, doch allmählich seid ihr in der Lage, euren Geist wieder zum Objekt der Meditation zurückzubringen.

Natürlich wäre es besser, wenn ich an den glückseligen Zustand der Sammlung denken würde, statt an Schokoladekuchen! Wir haben es ja gestern besprochen: Würden wir die transzendente Glückserfahrung machen, die mit Sammlung einhergeht, so würden wir auf jeden Fall aus der Dumpfheit beim Meditieren herausgerissen. Es würde uns sehr viel Energie geben.

Mit intensiver Wissens-Weisheit kann unsere durchdringende Innenschau zur rechten Sicht werden. Nachdem alle Täuschungen verschwunden sind, stellt sich die Erfahrung der Einheit, der Nicht-Dualität, ein und unser Geist kann loslassen; ihr werdet dann loslassen wollen. Dann könnt ihr – ohne irgendwelchen Druck ausüben zu müssen – leicht zum Meditationsobjekt zurückkehren.

Nach dem Beenden der Meditation, wenn ihr wieder zu euren alltäglichen Beschäftigungen zurückkehrt, könnt ihr schon vor jeder Handlung das halluzinierte, konkrete Bild erkennen, und so wird es euch viel leichter fallen, mit allen Dingen umzugehen.

Meditation 10

Das Mantra im Licht

Nun möchte ich ein neues Thema einführen. Diese Meditation ist noch subtiler und etwas schwieriger. Man könnte sie aber auch als einfach bezeichnen.

Du bist Chenrezig. An deinem Herzen befindet sich eine Mondscheibe. Visualisiere nun einen weiteren Chenrezig – im gleichen Aspekt, also mit einem Gesicht, vier Armen, eine Gebetskette haltend und so weiter –, diesmal jedoch von der Größe eines Sesamsamens, sehr klein und fein. Visualisiere ihn als sehr hell und strahlend, wie eine Kerzenflamme.

Hört sich das kompliziert an? Ich werde es nochmals erklären und ihr könnt dabei meditieren, so stellt sich die Erfahrung eher ein. Mit jedem Mal werden solche Meditationen einfacher; das ist ganz natürlich. Der Geist ist im Grunde so kraftvoll und so schön. Doch manchmal erkennen wir nicht, welche Fortschritte wir in unserer Meditation gemacht haben. Wir könnten vollkommen konzentriert sein, aber plötzlich schaltet sich der Verstand ein: „Wie geht es meinem Geist?" Wir sehen unsere Fortschritte nicht.

Nun werden wir meditieren. Zunächst beschreibe ich Chenrezig. Ihr habt ein Gesicht, vier Arme, einen glückseligen weißen Regenbogenkörper, der eine Transformation der befreiten Weisheitsenergie eures eigenen Geistes ist. Der Körper ist wie Kristall; man kann durch ihn hindurchschauen.

Das ist die äußere Erscheinung, doch innerlich ist euer Regenbogenkörper die Essenz des Ganzheits-Bewusstseins; die Einheit der Erfahrung von Glückseligkeit und Nicht-Dualität, die über alle Begrifflichkeit hinausgegangen ist. Von seiner Natur her ist er Klarheit und Nicht-Selbstexistenz.

In eurem Chenrezig-Herz befindet sich eine Mondscheibe und darauf eine weitere Manifestation von Chenrezig – sehr fein und von der Größe eines Wassertropfens oder Sesamsamens. Am Herzen dieses Chenrezigs befindet sich ein äußerst helles Licht, das wie eine Kerzenflamme strahlt. Hört den göttlichen Mantraklang in diesem Licht: OM MANI PADME HUM. Das ist möglich. Eure befreite Weisheit meditiert über den Klang des transzendenten Mantras in diesem Licht.

Solange ihr zumindest eine kleine Erfahrung der Nicht-Dualität macht, ist es in Ordnung, selbst wenn ihr die Konzentration verliert. Setzt euch nicht unter Druck; lasst einfach los. Auch wenn ihr strahlendes Licht erfahrt, das die Energie des ganzen Universums umschließt, so ist das in Ordnung. Fangt nicht an zu intellektualisieren, übt intensive Achtsamkeit.

Ich habe bereits erwähnt, dass jede Energie einen Klang hat. Alle vier Elemente und alle anderen Energien, wie man sie auch beschreiben mag, haben Klänge. Wir haben die unglaubliche Maschine dieses Körpers, dieses Nervensystem. Es ist wesentlich komplexer als ein Computer. Stellt euch vor, wie dieses Nervensystem arbeitet; es produziert automatisch einen Klang. Wenn ihr genau hinhört, merkt ihr, dass es auch in eurem Gehirn immer einen Klang gibt – bei mir ist das zumindest so.

Manchmal kann man auch unglaublich schöne Musik aus dem Raum hören, das ist etwas ganz Natürliches. Wirklich! Ich leide nicht unter Halluzinationen! Es gibt Lamas, die Visionen haben und Melodien hören. Dabei handelt es sich um esoterische Klänge. Sie sind ganz anders als die Melodien, die gewöhnliche Leute komponieren. Wenn diese Lamas meditieren, hören sie den Klang dieser Melodien und sprechen dann Gebete zu dieser Musik. Ich sage die Wahrheit. Denkt nicht: „Vergiss es, dieser Lama macht Magie." Genau so trägt es sich zu. Hört man richtig hin, so kann man diese Klänge mit menschlichen Klängen nachahmen. Möchte jemand an den Ort reisen, von dem diese schönen Klänge kommen?

Denkt daran: Ihr könnt euch auf das Mantra konzentrieren. Zunächst könnt ihr es rezitieren und dabei zählen; dann könnt ihr üben, wie man rezitiert, aber nicht zählt. Später könnt ihr geistig rezitieren und schließlich bringt ihr den Atem nach innen und haltet ihn an, um noch tiefere Sammlung zu entwickeln.

Vierter Teil
Mahamudra im Alltag

16 Verwirklichungen erlangen

Verwirklichungen, die sich mit der einsgerichteten Konzentration einstellen

Die Resultate erfolgreicher Meditation sind schier unglaublich, fast nicht vorstellbar. Ich möchte nun einige erklären.

Zum einen werdet ihr in die Lage versetzt, die Unterweisungen mühelos in euren Geist zu integrieren. Wenn ihr Samadhi erlangt, erfahrt ihr Glückseligkeit und zwar nicht nur im Geist, sondern auch körperlich. Euer gesamtes Nervensystem wird von glückseligen Empfindungen überflutet. Alle Sinnesobjekte verursachen Glückseligkeit. Wenn ihr euch in euch glücklich fühlt, so tragen selbst die Kleider, die ihr tragt, dazu bei – kennt ihr diese Erfahrung? Seid ihr dagegen unglücklich, so werden selbst die Kleider zu einem Grund für Irritation. Selbst die schönen Dinge gehen euch auf die Nerven.

Normalerweise fühlt sich unser Körper sehr schwer an, doch wenn ihr Konzentration entwickelt habt, ist es fast so, als hättet ihr keinen Körper. Je mehr Konzentration ihr erlangt, desto mehr kommt ihr ins Gleichgewicht und desto mehr Glückseligkeit erfahrt ihr. Die schwere Energie eures Körpers verschwindet. Ihr fühlt euch so leicht, als ob ihr fliegen könntet. So etwas ist möglich.

Ein Gefühl der Befreiung stellt sich ein; Unsicherheit, Zweifel und Konflikte verschwinden. Eine glückliche, freudige Schwingung begleitet euch ständig. Ihr bemerkt gar nicht mehr, wie die Zeit verstreicht. Wenn wir unglücklich sind, erscheint ein Tag so lang. Zwölf Stunden verstreichen so langsam. Den ganzen Tag über scheint die Sonne – es dauert so lange, bis es 6 Uhr wird – so lange noch bis zum Abendessen – so lange bis zum Schlafengehen. Stellt sich der Erfolg bei der Meditation ein, so bemerkt ihr dagegen kaum mehr, ob es Tag oder Nacht ist.

Eigentlich haben wir zur Zeit ähnliche Erfahrungen, wenn wir samsarisches Glück verspüren. Dann tanzen und trinken wir die ganze Nacht und sind ganz berauscht vom Vergnügen – auch da fliegt die Zeit nur so dahin. „Ach, es ist schon Morgen geworden?" Genau das geschieht, wenn wir von der ewigen Glückseligkeit der Achtsamkeits-Erfahrung berauscht sind. Daran kann man erkennen, dass die Zeit keine von außen her bestimmte Größe ist; sie ist vom Geist geschaffen.

Normalerweise erscheint euch Dunkelheit in der Meditation. Doch wenn ihr eine bestimmte Ebene erreicht habt, stellt sich eine Lichterfahrung ein. Das geht vielen Leuten so. Ihr macht eine Erfahrung von Klarheit; ihr empfindet die Natur eures Geistes wie reines, klares Kristall. In Kristallen können sich viele Dinge spiegeln, nicht wahr? Genauso ist es mit dem Geist. Unser Geist ist ein so empfindliches Instrument, er kann gleichzeitig so viele verschiedene Schwingungen aufnehmen.

Und es geht noch weiter. Ist eure Meditation erfolgreich, so entwickelt ihr auch sehr feine Sinneswahrnehmungen. Tag und Nacht könnt ihr dann eure Umgebung äußerst klar wahrnehmen. Eure Sinneserfahrungen gewinnen eine neue Qualität von Lebendigkeit, denn normalerweise sind sie irgendwie stumpf. Ihr könnt Dinge in weiter Entfernung erkennen und könnt das Verhalten und den Geist anderer Menschen erfassen. Zunächst werden eure Erfahrungen ein wenig wie ein Traum wirken, doch je stärker eure Konzentrationskraft wird, desto klarer werdet ihr sehen – so klar wie wir uns hier gegenseitig sehen. Vielleicht könnt ihr sogar weit entfernte Formen anfassen. All das ist erreichbar.

Als Resultat tiefer Konzentration ist es möglich, die verblendete Energie – die Winde und die Verblendungen selbst – in den Zentralkanal einzubringen. Das ähnelt dem Vorgang, der sich beim Sterben automatisch ereignet. Wenn man in der Meditation eine solche Erfahrung hat, fühlt man sich deshalb manchmal so, als würde man verschwinden; selbst der Atem hält an. Falls sich die Erfahrung der verschiedenen Visionen einstellt, die mit der Auflösung der Energien einhergehen – Luftspiegelung, Rauch und dergleichen –, so ist das ein Zeichen guter Konzentration.

Habt keine Angst, wenn das passiert, sondern lasst einfach los; bleibt achtsam. Bei der Auflösung der Winde und der Verblendungen wird der Geist mit jedem Schritt feiner, subtiler. Stellt sich dagegen Unbewusstheit ein, so ist das nicht richtig.

Vielleicht kommt eine Erfahrung raumgleicher Leerheit auf, denn den Täuschungen, den schweren, falschen Vorstellungen wurde in einem gewissen Maße Einhalt geboten. Diese Täuschungen gleichen einer riesigen Wolke, die den Himmel verdunkelt. Habt ihr aber das nötige Feingefühl, wenn die Wolke vergeht – wenn zumindest ein kleiner Teil dieser künstlichen Konstruktionen, dieser falschen Vorstellungen verschwunden ist –, dann stellt sich ganz automatisch ein Leere-Gefühl ein, eine raumgleiche Leerheit.

Das sind einige der Erfahrungen, die sich entstellen, sobald ihr einsgerichtete Konzentration erreicht habt. Es lohnt sich wirklich, sich darum zu bemühen. Sie sind nicht abhängig von eurer Arbeit, ihr könnt sie nicht im Supermarkt kaufen. Solche

Erfahrungen lassen sich nicht kaufen. Sie hängen von nichts Äußerem ab, deshalb begleiten sie euch immer.

Es ist wichtig, dass ihr von Anfang an Energie in diese Praxis steckt. Im Vinaya gibt es ein Beispiel: Will man ein Feuer entzünden, indem man zwei Stöcke aneinander reibt, muss man sehr ausdauernd sein. Man kann nicht irgendwann aufhören, um dann wieder von vorne anzufangen – so käme man nie ans Ziel. Genauso ist es mit eurer Konzentration. Ihr müsst mit der Meditation fortfahren, bis ihr zufrieden mit dem Resultat seid.

Verwirklichungen, die sich durch tantrische Praxis einstellen

Nun möchte ich über die Verwirklichungen sprechen, die ihr durch die Praxis von Yoga-Methoden wie dieser und durch die Mantrarezitation erlangen könnt. Es gibt viele Ebenen von Verwirklichung

Die höchste Ebene ist natürlich die vollkommene Einheit des Zustands von Chenrezig, die Buddhaschaft.

Auf den gewöhnlichen Ebenen stellen sich noch andere Erfahrungen ein. Zum Beispiel erreicht man eine bestimmte Ebene durch die Rezitation von zehn Millionen Mantras. Wenn ihr ein langes Leben braucht, um die Befreiung zu erlangen, hättet ihr dann die Voraussetzung, um eine spezifische Yoga-Übung auszuführen, die das Leben verlängert. Vielleicht könntet ihr dann sogar ein paar hundert Jahre lang leben – seid nicht überrascht, so etwas ist möglich. Nagarjuna lebte beispielsweise 500 Jahre.

Und einer meiner Gurus ist zur Zeit ungefähr 120 Jahre alt. Er ist vollkommen gesund und lehrt von morgens bis abends. Er wird als Manifestation der Weißen Tara, des weiblichen Buddha des Langen Lebens, betrachtet. Auch seine Eltern und die anderen Leute in seinem Dorf leben besonders lange. Es gibt eine spezielle Yoga-Methode, die man zu diesem Zweck praktizieren kann; sie heißt *tse ring dzin.*

Eine andere Verwirklichung wäre die Fähigkeit, den Inhalt einer Bibliothek telepathisch zu erlernen. Ihr könntet dann alles mithilfe der Telepathie lesen, 24 Stunden am Tag, ohne Unterbrechung. Vielleicht haltet ihr das für unmöglich, doch was ich sage, entspricht der Realität. Es gibt auch Yoga-Methoden, durch die man sich unsichtbar machen kann. Ihr könntet zur Bank gehen und niemand würde euch sehen!

Vielleicht denkt ihr, diese Yoga-Methode von Chenrezig sei eine mindere Praxis, aber das ist sie keinesfalls. Sie ist eine universelle Methode. Der Buddhismus ist in der Tat ein universelles Thema. Ihr könntet in einem Leben niemals all das lernen, was es zu wissen gibt.

Ihr erwerbt auch die Qualifikation, um eine andere Praxis namens *chu-len,* auf Deutsch „die Essenz aufnehmen", auszuführen. Ihr könnt dann von Pillen leben, die die Essenz von Blumen und Mineralien enthalten, sowie von der Essenz von Steinen oder auch nur von Wasser – ihr braucht keine andere Nahrung mehr.

Es gibt Meditierende im Himalaja, die jetzt so leben. Als die Chinesen Tibet besetzten, verschwanden beispielsweise viele Meditierende einfach in die Berge, um wie die wilden Tiere zu leben. Dabei wird der Körper erst einmal sehr dünn, aber schließlich wird man sehr gesund. Der Körper wird unglaublich leicht, so als könnte man fliegen. Die Konzentration während der Meditation wird vollkommen. Wenn ihr versucht, nach dem Essen zu meditieren, ist der Geist sehr unklar, nicht wahr? Doch wenn der Magen leer ist, ist die geistige Energie unermesslich.

Eine andere Praxis ist das so genannte *kang gyog; kang* bedeutet „Füße" und *gyog* bedeutet „schnell". Mithilfe dieser

Methode kann man unglaublich schnell laufen, fast so schnell, als würde man fliegen. Oder ihr könnt lernen, den Geist anderer Menschen durch Mantras zu kontrollieren; ihr könnt sie dann dazu bringen zu tun, was ihr wollt, selbst gegen ihren Willen. Es gibt in Indien und Nepal auch heutzutage Leute, die solche Kräfte benutzen, allerdings tun sie es aus Eigennutz und so ist es keinesfalls positiv, es kann sogar gefährlich sein.

Es ist auch möglich, andere aufgrund von höheren Beweggründen durch übernatürliche Kräfte oder mit Mantras zu töten.

Im Vinaya werde viele Tötungsmethoden erwähnt. In Buddhas Erklärungen zum Gelübde nicht zu töten werden alle diese unterschiedlichen Methoden erwähnt. Ihr habt alle Milarepas Biographie gelesen, also wisst ihr über Magie Bescheid. Milarepas Mutter hasste einige Mitglieder ihrer Familie, die ihr geschadet hatten, und stiftete ihren Sohn an, diese mittels Magie umzubringen.

Ihr könnt auch das Wetter, die Elemente beherrschen. Als wir im Flüchtlingslager in West-Bengalen waren, gab es im Sommer immer sehr viel Regen. Der für unser Lager zuständige Beamte hörte, dass wir solche Dinge beeinflussen können, und bat uns deshalb, den Regen anzuhalten. Ich glaube, er dachte: „Was machen diese Leute? Sie sitzen hier und meditieren? So können sie wenigstens einmal etwas Nützliches tun." Wir machten die entsprechende Meditation, und der Regen hörte auf. Als sie dann wieder Regen brauchten, baten sie uns um Hilfe, und es begann wieder zu regnen. Er war sehr zufrieden.

Solche Fähigkeiten sind nichts Ungewöhnliches; in Tibet gab es überall Menschen, die solche Kräfte besaßen. So hatte beispielsweise jedes Dorf seinen Wettermacher, der Regen stoppen konnte. Es gibt noch eine andere Methode: Man verstreut besondere, gesegnete Substanzen rings um den eigenen

Hof, das eigene Grundstück – dann wird genau dieses Gebiet vom Regen verschont.

All das zeigt die Kraft des Geistes. Das Potential der Menschen ist unermesslich groß.

17 *Eure Weisheit ist euer Guru*

Wir haben solche festgefahrenen Vorstellungen über uns selbst: „Ich habe dieses und jenes getan, deshalb bin ich schuldig." Diese Fantasien werden befreit, indem die kraftvolle, göttliche, strahlende Essenz des Guru, der sich in Licht verwandelt hat, in uns einsinkt. Unsere Philosophiererei, unsere vielen Konzepte, unsere Halluzinationen darüber, wer wir zu sein glauben, werden in einem Augenblick zunichte gemacht. Wenn Eisen und Feuer zusammenkommen, verschmelzen sie vollkommen: Eisen wird Feuer und Feuer wird Eisen. Man kann sie nicht mehr trennen. So ist es auch, wenn das kraftvolle göttliche Weisheitslicht kommt: Es verbrennt alle unsere Projektionen von uns selbst.

Ihr malt euch aus, wer ihr seid: Aber das ist nur ein Trugbild, das ganz und gar nichts mit der Wirklichkeit zu tun hat. Euer Geist ist so beschränkt: Ihr denkt, ihr wäret dieses oder jenes – aber euer Selbstbild basiert einzig und allein auf euren früheren Erfahrungen. Ihr seid euch der Gegenwart überhaupt nicht bewusst, selbst wenn eure Augen weit offen sind.

Wir haben die Tendenz, alles entweder zu übertreiben oder zu untertreiben; die Wirklichkeit nehmen wir nicht wahr. Es ist kaum zu glauben. Wenn wir die Dinge wichtiger, attraktiver, schöner machen als sie wirklich sind, dann erscheinen sie uns zwar genau so, aber das ist ja nur die Projektion unseres Geistes, der uns ein Trugbild vorgaukelt.

Stellt euch vor, ihr hättet mit irgendeinem fantastischen Projekt zu tun, aber jemand würde euer Tun als falsch bezeichnen. Werden euch eure festen Vorstellungen nicht dazu bringen, euch furchtbar aufzuregen? Doch ganz gleich, was ihr tut, wenn ihr versteht, dass alles – Subjekt, Objekt, die Umgebung, eure Zukunftspläne – Trugbilder sind, seid ihr frei. Wenn euch dann jemand sagt, dass ihr falsch handelt, könnt ihr es akzeptieren, weil ihr flexibel seid und keine festgefügten Ideen habt. Ihr könnt einfach sagen: „Ja, ich habe mich geirrt."

Unser Ego dagegen denkt immer: „Ich habe recht." Wir bauen unser Ego-Mandala, indem wir einen Einbildungsbaustein auf den anderen setzen. Schließlich sagen wir: „Das ist meine Fantasie! Sie ist vollkommen!" Aber ihr habt etwas aufgebaut, was nur auf Ideen basiert und nichts mit der Wirklichkeit zu tun hat. Und sobald es solche festen Vorstellungen gibt, gibt es auch Angst und Paranoia. Ihr macht euch solche Sorgen darüber, was andere Leute denken könnten. „Vielleicht findet er es hübsch; vielleicht findet sie es nicht hübsch." Sobald es Täuschungen gibt, kommt auch: „Vielleicht dieses, vielleicht jenes." Selbst wenn jemand gar nichts über euch denkt, macht ihr euch trotzdem Gedanken darüber, was er denken könnte.

Vielleicht haltet ihr etwas für fantastisch, aber für jemand anderen hat die gleiche Sache keinerlei Wert: „Er denkt, ich sei ein Niemand." Ihr fühlt euch verletzt, wenn es den anderen egal ist. Lächerlich! Wenn ihr wisst, dass ihr ein Niemand seid, dann seid ihr ein Niemand, also braucht ihr euch keine Sorgen darüber machen. Genießt, was ihr tut und akzeptiert, wer ihr seid!

All das entsteht durch unsere Täuschungen, unsere festen Vorstellungen. Wir halluzinieren diese unglaubliche Traumwelt. Es ist mehr als nur eine Traumwelt! Hier geht es nicht um eine Glaubensfrage, sondern um die Wirklichkeit. So sind wir. Ihr könnt das allen Menschen erklären, ob sie nun Gläubige sind oder nicht.

Erkennt ihr erst einmal diese verunreinigte Art die Dinge zu sehen, dann könnt ihr euch befreien. Dann verliert ihr die Furcht davor, was die Leute von euch denken könnten. Die Psychologie des Buddhismus ist die tiefschürfendste Therapie. Werdet ihr zu euch selbst, so lernt ihr eure gesamte Energie kennen. Welches Bild ihr auch von euch habt – es löst sich in Licht auf, wenn es von der kraftvollen höchsten Energie des Guru berührt wird, der in euch sinkt. Nun erfahrt ihr vollkommene Einheit.

Verweilt beim Meditieren in dieser Einheitserfahrung, solange ihr möchtet; sie ist ein unglaublich kraftvolles Gegenmittel zu dem festgefahrenen Bild, das ihr euch von euch selbst gemacht habt, zu all den falschen Vorstellungen. Vielleicht bleibt ihr eines Tages in dieser Erfahrung und am nächsten Tag werdet ihr zu Chenrezig!

Meistens entstehen eure Probleme daraus, dass ihr irgendwelche Fantasien geschaffen habt. Ihr haltet sie für die Wirklichkeit, und wenn die Dinge schiefgehen, macht ihr die Situation dafür verantwortlich. Ihr seid zu wenig flexibel. Diese Praxis aber hat solch eine befreiende Wirkung: Ihr könnt dann frei kommunizieren, frei kommen und gehen, frei schlafen, frei essen und trinken. Es ist wirklich revolutionär. Und diese Praxis schadet euch niemals; sie ist von glückseliger Natur, so weich, so friedlich und befreiend.

Manchmal wisst ihr nicht, wem ihr glauben sollt. Jemand sagt: „Das ist richtig“ und ein anderer sagt: „Nein, das ist richtig.“ Aber immer wenn ihr Guruyoga praktiziert, solltet ihr euch vor Augen führen, dass eure eigene Weisheit eure Richtschnur ist. „Die Weisheit ist mein Guru“, solltet ihr euch sagen.

Wenn wir uns immer auf jemand anderen verlassen, sobald wir Probleme psychischer Natur haben, bleiben wir schwach. Das Wort „Guru" muss sich nicht immer auf etwas Körperliches beziehen. Es gibt den relativen Guru und den absoluten Guru. „Relativer Guru" bezieht sich auf eine äußere Person, doch euere eigene Weisheit ist der eigentliche Guru. Wenn wir sagen „der Guru ist Buddha, der Guru ist Dharma, der Guru ist Sangha", so bezieht sich das nicht notwendigerweise auf etwas Äußeres.

Der Guru kann noch so viel reden, doch die Unterweisung bleibt solange ineffektiv, wie eure Weisheit nicht funktioniert. Funktioniert eure Weisheit dagegen, so seid ihr befreit. Vielleicht fragt euch jemand: „Wer ist dein Guru?", und du antwortest „Meine eigene kleine Weisheit ist mein Guru, sie führt mich auf ganz einfache Weise." Ihr nehmt Zuflucht zu eurem Baby-Guru. Jedes Mal, wenn ihr über das Guruyoga meditiert, nehmt ihr Zuflucht zum Guru. Meine Weisheit führt mich, sie erklärt mir meine gesamte Natur. Das ist mein Guru.

Die Übung, bei der wir den Guru in uns aufnehmen, ist also unglaublich wirkungsvoll. Vielleicht brauchen wir etwas Zeit, bis sie ihre volle Wirkung entfaltet, aber es lohnt sich auf jeden Fall. Das kraftvolle universelle Licht, das die gesamte universelle Energie umfasst, kommt durch euren Zentralkanal. Da alle Energien eures Körpers miteinander in Verbindung stehen, wird dadurch alles gereinigt und eine Erfahrung von Ganzheit stellt sich ein – Dunkelheit, schlechtes Erinnerungsvermögen und dergleichen werden vollkommen bereinigt. Wenn die Lichtenergie eure Kehle erreicht, reinigt sie die unreine Sprache und bringt unzerstörbare Kraft und Kontrolle. Wenn sie das Herz erreicht, erfahrt ihr die Einheit des Geistes, die Ganzheit, wie der unendliche blaue Himmel.

Das strahlende Licht ist wie die erhabene Weisheit und hat daher die Kraft, alle unreine Energie zu verbrennen. Alle eure Vorstellungen, eure Interpretationen werden vom Weisheitsfeuer verzehrt. Ihr fühlt euch im psychologischen Sinne rein.

Danach übt ihr, schrittweise zu Chenrezig zu werden. Fragt nicht: „Wie soll ich zu Chenrezig werden? Wird meine Nase zu Chenrezig? Mein Ohr?" Ich habe das nun schon einige Male erklärt, denn dieser Punkt ist für den westlichen Geist schwer zu begreifen. Studiert diesen Punkt, analysiert ihn. Wenn ihr den Guru vollkommen in euch aufnehmt, erfahrt ihr eure eigene Weisheitsenergie, eure eigene Ganzheit.

18 Jeden Augenblick zur Meditation werden lassen

Wir haben großes Glück

Während dieser Klausur haben wir alle großes Glück gehabt, denn wir konnten die Freiheit, die uns unsere kostbare Geburt als Mensch gewährt, auf positive Weise nutzen. Wir haben die Gelegenheit beim Schopf gepackt und sind zumindest ein wenig in Kontakt mit unserer immerwährenden friedlichen Energie, unserer erhabenen Energie, unserer Bewusstseinsenergie, unserer Ganzheitsenergie gekommen. Ihr habt versucht, diese Übungen so gut wie möglich zu verwirklichen. Deshalb war es wirklich lohnenswert. Wenn ihr euch selbst in die richtige Situation bringt, stellen sich die Resultate ein.

Während wir den Unterweisungen über den Lamrim zuhören, erscheint es vielleicht schwierig, all diese Konzepte einzuordnen, zumal es so viele Erklärungsansätze bei den verschiedenen Themen gibt. Aber wenn ihr handelt und in einer Klausur wie dieser meditiert, so wird alles handhabbar. Wenn ihr meditiert, könnt ihr auch euer Leben als Ganzes sehen. Normalerweise sehen wir nur das, was unmittelbar vor uns liegt; die Vergangenheit und die Zukunft entziehen sich unserem

Blick, uns fehlt der Überblick über die Gesamtsituation. Wir sind so zwanghaft auf bestimmte Dinge fixiert, haben solch eine enge Sicht der Dinge, und es bleibt keine Zeit, um die Ganzheit zu sehen. Aber in einer Klausur wie dieser könnt ihr euch den Überblick verschaffen. Das ist sehr gut, man könnte das schon als Verwirklichung bezeichnen.

Bei den Lamrim-Meditationen spielt natürlich auch das Nachdenken eine Rolle. Besitzt ihr Konzentration, so ist es einfach, die Unterweisungen in den eigenen Geist aufzunehmen. Mit der Konzentration kommt auch ganz von selbst die Kontrolle; ihr könnt dann euren Geist genau so ausrichten, wie ihr wollt. Normalerweise sind wir der Diener unseres Geistes, der sich wie ein verrücktgewordener Elefant aufführt und völlig außer Kontrolle mit einer Geschwindigkeit von 150 km pro Stunde dahinrast. Durch vollkommene Konzentration werden wir zum Chef.

Die Tatsache, dass wir hier in der Meditationshaltung sitzen, ist bereits eine Praxis. Selbst das kostet schon eine Menge Energie; denn es ist nicht so einfach, auf diese Art zu sitzen. Auch wenn wir die Meditation einmal außer Acht lassen, so erwerbt ihr schließlich eine gewisse Kontrolle, indem ihr einfach in dieser Stellung sitzt. Ihr braucht nur zu sitzen und zu beobachten: Auch das ist schon fantastisch. In dieser Haltung zu sitzen bewirkt bereits eine gewisse Veränderung in eurem Nervensystem. Das ist wirklich wahr. Mit anderen Worten: In dieser Haltung zu sitzen ist schon Wissen.

Naja, vielleicht übertreibe ich ein wenig. Aber ihr braucht meine Worte auch nicht einfach so hinzunehmen; macht eure eigenen Versuche.

Im Alltag und zwischen den Sitzungen: Glaubt nicht an das, was ihr seht.

Das Thema, dem wir uns jetzt zuwenden, heißt auf Tibetisch *je tho cha'wo:* die Handlung nach Samadhi. Es bezieht sich auf die Zeiten zwischen den Sitzungen, es kann sich aber auch auf unseren Alltag beziehen, also auf alle Zeiten, in denen wir nicht meditieren. Nachdem ihr euch am Ende der Sitzung *(nyam shag)* schrittweise in die Leerheit aufgelöst habt, solltet ihr aus dieser Leerheit wieder als Chenrezig auftauchen und dann als Chenrezig zu Mittag essen oder tun, was immer ihr zu tun habt.

Das ist sehr wichtig. Normalerweise geht es euch folgendermaßen: Während der Sitzungen fühlt ihr euch gut und transzendent, doch wenn ihr dann aufsteht, ist es, als würdet ihr vom Himmel in die Hölle hinabfallen. Das ist falsch. Nehmt stattdessen eure gute Erfahrung mit. Auf Tibetisch nennen wir das *kang je lhag su,* wörtlich: „Fußabdrücke hinterlassen – dann versuchen, sie mit den Händen zu verwischen, aber dabei noch mehr Abdrücke hinterlassen". Mit anderen Worten: Es ist eine endlose Beschäftigung.

Es ist wichtig, im Gleichgewicht zu bleiben und kontinuierlich zu praktizieren, statt das Gefühl zu haben, dass ihr mit dem Ende der Meditationssitzung in eine andere Welt eintretet. Wenn das geschieht, stimmt etwas bei eurer Praxis nicht: Sie ist nicht genug integriert. Nach dem Ende der Sitzung solltet ihr weiterhin klar die Sicht aufrechterhalten, dass ihr Chenrezig seid, und gleichzeitig die verschiedenen Objekte, die euch erscheinen, als Blasen, als leer sehen. Sagt euch: „Was ich sehe, ist nicht real; es entspricht nicht der Wahrheit."

Warum solltet ihr so denken? Weil wir seit unserer Geburt immer wieder von unseren konkreten Vorstellungen, unserem Glauben an die Realität unserer Wahrnehmungen, betrogen werden. Wir sagen immer: „Das ist real." Warum? „Weil es sich für mich so anfühlt" oder „Weil ich es so sehe." Unsere Schlussfolgerungen gründen sich allein auf das: „ich fühle" und „ich sehe".

Solange wir einen halluzinierenden Geist haben, sehen wir alle Sinnesobjekte, die uns erscheinen, als real. Doch wir müssen erkennen, dass all das wie eine Blase ist, nichts Reales. Wir müssen die intensive Weisheit entwickeln, die durch die Blase hindurchsieht und sich nicht in sie verwickeln lässt.

Dabei handelt es sich nicht um irgendeinen religiösen Trip. Wir beschreiben die Wirklichkeit, die wissenschaftliche Wirklichkeit. Es geht hier nicht um Philosophie oder irgendein Dogma, sondern um eine Erfahrung, die über bloße Ideen und Lehrmeinungen hinausgeht.

Ihr könnt anhand eurer eigenen Erfahrungen feststellen: Sobald ihr einer Sache einen Namen gebt und an sie glaubt, erscheint sie euch auch. Es heißt: „Man hört, was man hören will." Das ist ein gutes Beispiel. Wenn ihr etwas nicht hören wollt, so kann jemand es hundert Mal sagen, ihr werdet es trotzdem nicht hören. Das zeigt die relative Natur unseres Geistes.

Entwickelt das Verständnis, dass Schlecht nicht schlecht ist und Gut nicht gut. Erkennt, dass ihr bloße Blasen erfindet. So überwindet ihr Furcht und Aufregung und erlangt Kontrolle. Ihr geht über die extreme Sicht hinaus und entwickelt ein Gespür für die Einheit.

Euer Geist ist mächtig. Wenn ihr alles nur zwei oder drei Minuten lang in den richtigen Kanal lenkt, kann es unendlich lange dort bleiben. Natürlich ist das am Anfang schwierig; uns geht es so ähnlich wie jemandem, der Autofahren lernt – da er noch nicht alles koordinieren kann, ist es schwierig einfach loszulassen. Hat man aber ein gewisses Geschick bei der Koordination entwickelt und ist alles zur Gewohnheit geworden, so geht es unglaublich schnell. So groß ist die Macht des Geistes.

Betrachtet alle Sinnesobjekte, mit denen ihr in Kontakt kommt, so, wie ein Magier seine eigenen Kreationen wahrnimmt – als abhängige Phänomene. Durch das Zusammenspiel verschiedener Phänomene – der zu Halluzinationen neigenden geistigen Verfassung der Lebewesen, einem Stück Holz, dem Zauberspruch des Magiers – erscheint ein Pferd. Das Pferd existiert weder im Holz noch im Zauberspruch. Es entsteht auch nicht nur aus den Halluzinationen der Zuschauer. Dieser Punkt ist wichtig. Der Zauberer sieht das Pferd, weiß aber, dass es nicht real ist. Er glaubt nicht an die Blase des Pferdes. Sein Geist bewegt sich nicht; er verwickelt sich nicht. Wir nennen das *nyi tsog*, „die Einheit der Leerheit und der relativen Blase erfahren"; beide Aspekte werden gleichzeitig wahrgenommen. Seid also nicht wie die gewöhnlichen Wesen. Wenn sie das Pferd sehen, sagen sie „Fantastisch! Ein Pferd, schau her!" Für sie ist es durch und durch real; sie sind völlig in ihrer halluzinierenden Sichtweise gefangen. Stattdessen sollten wir wie der Zauberer sein, der die Halluzination sieht, aber nicht daran glaubt. Wenn wir die Dinge nicht mehr als aus sich selbst heraus existierend betrachten, so entsteht ein vollkommen anderes Gefühl.

Aber lehnt die Realität nicht ab

Obwohl das Pferd nicht wahr ist, lehnt der Zauberer es nicht ab. Er genießt es; er spielt mit der Energie. Die Leute kommen um zuzuschauen; er verdient Geld damit; er vergnügt sich. So ist es auch mit uns: Wir brauchen unserem Frühstücks-Müsli oder unserer Schokolade nicht entsagen; wir sollten diese Dinge einfach nur als eine Blase sehen.

Wenn euer Geist völlig gesammelt ist und über den göttlichen Mahamudra-Körper meditiert, habt ihr keinerlei weltliche Gedanken – da gibt es keinerlei Blasen-Schwingungen, nicht wahr? Aber wenn ihr wieder aus eurem Versenkungs-Zustand hervorkommt, sind eure alten, gefährlichen Gewohnheiten immer noch vorhanden – besonders dann, wenn ihr in eure normale Umgebung zurückkehrt. Dann braucht ihr die intensive Weisheit, die die Blasen-Wirklichkeit eures Müsli durchschaut.

Zur Zeit sind wir gewöhnliche Leute: Wir sehen ein verlockendes Müsli und glauben, dass es seine eigene Selbstexistenz hat. Haben wir aber die Nicht-Selbstexistenz des Müsli verstanden, sehen wir das Müsli, aber gleichzeitig nehmen wir wahr, dass es leer ist. Wenn wir schließlich Buddha werden, haben wir überhaupt keine dualistische Sicht mehr – wir sind darüber hinaus gelangt.

Es ist also äußerst wichtig, auch eure Pausen und den Alltag als Sitzung zu sehen. Nach der Meditationssitzung sollte eure Praxis darin bestehen, die Dinge als illusorisch und nicht konkret zu sehen. Falls euer Geist aufgespaltet ist, so dass ihr euch außerhalb der Sitzung als unglaublich verblendet empfindet – nach dem Motto: „Ich bin schuldig. Ich bin voller Begierde" –, dann macht euch das nicht gerade glücklich. Verfallt nicht in den Irrtum zu glauben, Meditation sei gut, sei Nirwana, aber der Einkauf im Supermarkt, essen und trinken seien Samsara. Das wäre nicht hilfreich. Damit lehnt ihr nur das Leben ab. Es ist nicht nötig, so zu denken.

Mit solch einer Einstellung wird vielleicht nur eine Minute von den vierundzwanzig Stunden eines Tages zur Meditation; der Rest ist Samsara. So würde Samsara zu einer überwältigenden Macht und die Meditation gliche einem kleinen Atom.

Diejenigen von euch, die arbeiten gehen, denken vielleicht: „Ich mag meine Arbeit nicht wirklich; ich mag meinen Chef nicht. Ich gehe nur dahin, weil ich das Geld brauche." Würdet ihr wirklich verstehen, das alles ein Trugbild ist und keinerlei selbstexistente Wirklichkeit besitzt, wäre eure Arbeit, eure Erfahrung fantastisch. Jeden Tag wären eure Handlungen eine Unterweisung für euch, sie würden zum Lamrim. Wenn ihr dann eure Arbeit für diesen Tag beendet, würdet ihr denken: „Meine heutige Sitzung über den Stufenweg zur Erleuchtung ist nun beendet, ich gehe nach Hause." So etwas ist möglich! Das ist kein Scherz.

Wir haben alle ein Leben: eine Wohnung, einen Ehepartner, Kinder, einen Hund ... Und wir haben allerhand feste Vorstellungen darüber, wie sie sind – aber das ist alles Halluzination. Wir bauen alles Stück für Stück auf und dann können wir eine komplette Aussage machen: „Das bin ich." Aber all dies ist halluziniert und hat nichts mit der Realität zu tun. Wenn dies Realität wäre, dann wäre, wenn wir glücklich wären, ein bestimmtes Selbstbild: „Ich bin dieses", real. Werden wir aber daraufhin unglücklich, so ändert sich das Bild zu: „Ich bin jenes."

Wenn ihr mit Intelligenz überprüft, so könnt ihr sehen, dass wir genau das tun. Im Buddhismus wird Wert darauf gelegt, dass wir unsere Intelligenz benutzen. Wir müssen erkennen, wie wir halluzinieren; wie uns die Sicht der Ganzheit fehlt, wie wir uns in eine fanatische Sicht verwickeln und schließlich unglücklich werden.

Wir haben solche festgefahrenen Vorstellungen nicht nur bei unseren weltlichen Aktivitäten. Hättet ihr die Einstellung, dass es sich um eine geistige Projektion, um eine halluzinierte Blase handelt, wenn ihr an einen Ort wie diesen kommt, so hättet ihr keine Probleme. Stattdessen habt ihr recht konkrete Vorstellungen: „Oh, ein Lama lehrt Meditation im *Chenrezig Institute*. Ich hoffe wirklich, dass er mir ein paar Verwirklichungen vermittelt, sonst könnte ich ja genauso gut an den

Strand gehen." Schon bevor ihr hier ankommt, habt ihre eine Fantasie über diesen Ort – so sind Schwierigkeiten vorprogrammiert, und ihr verpasst die Schokoladenseite.

Der Lamrim besteht nicht nur aus den Schriften, die wir studieren. All eure Energie, alles, kann zu Lamrim werden. Dann werdet ihr zu einem Profi, einem so genannten Lamrimpa.

Mahamudra ist immer da

Genießt euer Leben! Die Methoden des tantrischen Yoga sind äußerst wirkungsvoll; ganz egal, ob ihr meditiert, nicht meditiert oder schlaft. Es gibt Methoden, die euch jederzeit auf den richtigen Weg führen. Wenn ihr morgens aufwacht und die verschiedenen Sinneseindrücke auf euch einwirken, versucht zu verstehen, dass es sich lediglich um Trugbilder handelt. Weil ihr dadurch begreift, dass die Nicht-Selbstexistenz die Natur von allem ist, werdet ihr nicht auf die verschiedenen Alltagsprobleme anspringen. Den ganzen Tag über seht ihr euch als Chenrezig. Beim Essen stellt ihr euch vor, dass jeder Bissen aus strahlender, Glückseligkeit spendender Lichtenergie besteht, die zu eurem Herz gelangt.

Im Paramitayana wird großer Wert darauf gelegt zu verstehen, dass Begierde Probleme schafft und man dieses oder jenes aufgeben sollte: „Ich sollte kein Müsli mehr essen, ich sollte nicht einmal mehr einen Tropfen Wasser zu mir nehmen." Doch mit wirkungsvollen Methoden und Weisheit kann alles, was ihr tut – alle eure Handlungen, auch die so genannten weltlichen – zum transzendenten Pfad zur Befreiung werden.

Die richtige Sicht, die Leerheit, ist eigentlich immer da; daher sagt man auch, die Leerheit, die absolute Natur, sei unveränderlich und ewig. Sie ist nichts Besonderes, man kann sie auch nicht nur an besonderen Orten finden. Es wäre ganz und gar nicht richtig zu denken, euer gewöhnliches Leben sei Samsara und die Leerheit befinde sich irgendwo da oben! Wenn ihr zu idealistisch an die Sache herangeht und die Wirklichkeit in Büchern oder bei den Lamas sucht, werdet ihr sie nie finden. So funktioniert das nicht!

Auch Spiritualität ist überall. Wir sagen: „Ich bin auf der Suche nach der Spiritualität. Ich muss Lamas, Priester, Schriften, Bibeln finden", doch die Spiritualität ist immer da. Sie ist die Wirklichkeit und die Wirklichkeit hängt nicht davon ab, ob man an sie glaubt oder nicht. Wenn ihr die weltliche, eingebildete Blase des täglichen Lebens betrachtet, seht ihr die Wirklichkeit.

Natürlich ist es ausgesprochen schwierig, im meditativen Zustand zu verweilen und gleichzeitig seinen gewohnten Aktivitäten nachzugehen – nur ein Buddha kann das. Aber es lohnt sich auf jeden Fall, es zu versuchen. Auf diese Weise wird euer Leben sinnvoll.

Anhang

Die Untrennbarkeit des Gurus von Chenrezig: Eine Quelle aller kraftvollen Verwirklichungen

Von Tenzin Gyatso,
Seiner Heiligkeit
dem Vierzehnten Dalai Lama

Anmerkungen des Übersetzers

Schon immer haben sich die Menschen über die Verschlechterung der Lebenszustände zu ihren jeweiligen Lebenszeiten beschwert. Die heutige Zeit bildet da keine Ausnahme. Die Menschen – ob arm oder reich, mächtig oder schwach – leiden allesamt unter diesem oder jenem unglücklichen Umstand. Ganz gleich, ob die Menschen dann versuchen, etwas an dieser Wirklichkeit zu verändern oder sich zurückziehen und sich von ihr abwenden, so bleibt das Leiden der Menschheit doch bestehen. Doch auch wenn Krieg, Armut, Krankheit und geistige Unzufriedenheit die Welt weiterhin plagen, sollte man niemals andere dafür verantwortlich machen. Das Objekt, dem man alle Schuld an unserem Unglück zuschreiben sollte, ist die selbstsüchtige Einstellung all derer, die direkt in dieser Verwirrung gefangen sind. Selbstsucht verengt die Weltsicht einer Person, so dass sie nur ihre eigenen Vorlieben und Abneigungen im Sinn hat, und wird somit zur motivierenden Kraft hinter ihrem fortwährenden Unglücklichsein.

Alle Wesen möchten glücklich sein und kein Leid erfahren. Die wissenschaftliche Entwicklung, moderne Waffen und unser grandioser materieller Fortschritt mögen vielleicht zeitweilige Auswirkungen der Unzufriedenheit beseitigen, doch solche äußeren Dinge können niemals ihre Grund-Ursache völlig beseitigen. Eine wirkliche Lösung wäre, tiefes menschliches Mitgefühl, Liebe und Respekt füreinander zu entwickeln. Ob Menschen nun Buddhisten oder Christen sind, Anhänger einer bestimmten Religion sind oder einfach an Gewaltfreiheit und Ethik glauben – alle schätzen gute menschliche Qualitäten wie Güte, Großzügigkeit, Bescheidenheit und Mitgefühl. Indem wir solche altruistischen und nützlichen Haltungen entwickeln, vermindern wir allmählich die Ursache des

Leids, die Selbstsucht. Das wird wiederum die Einigkeit und Harmonie zwischen den Menschen aller Nationen fördern.

In den buddhistischen Lehren spielt das Mitgefühl, der Wunsch, dass alle Wesen von Leiden frei sein mögen, eine besonders wichtige Rolle. Buddha bezeichnete zudem das Erreichen des Zustands jenseits von Leiden *(Nirwana)* als das wirkungsvollste Mittel, um anderen zu helfen, sich aus ihrem Unglück zu befreien. Der Wunsch, das zum eigenen Wohl und zum Wohl aller anderen zu tun, wird „Erleuchtungsgeist" oder „Geist des Erwachens" *(Bodhichitta)* genannt. Die Quelle einer solchen selbstlosen Motivation ist das Mitgefühl, und das Resultat, welches man mithilfe der sechs Paramitas – selbstlosem Geben, Ethik, Geduld, Enthusiasmus, meditativer Sammlung und unterscheidender Weisheit – erlangt, ist die Buddhaschaft. In diesem Zustand, in dem jede Spur von Selbstsucht beseitigt ist und die Leerheit, die eigentliche Seinsweise aller Phänomene, verwirklicht wurde, wird man effektiv von großem Nutzen für andere sein: Erleuchtete haben die Macht, andere aus ihrem Leiden herauszuführen.

Mitgefühl muss zwar im eigenen Geist erzeugt werden, doch gibt es auch die Gottheit Chenrezig, die als dessen Verkörperung gilt. Der Sanskrit-Name dieser Gottheit ist Avalokiteshvara, der „der die Welt mit den Augen des Mitgefühls betrachtet". Die verschiedenen Aspekte, die man in der Meditationspraxis visualisiert und auf Abbildungen und Gemälden betrachten kann, sind bloß interpretierte Formen von Chenrezig, die definitive Form ist das Mitgefühl selbst. Aber nicht nur Meditationsgottheiten werden als interpretierte Form bezeichnet, sie kann auch in menschlicher Gestalt erscheinen. Die Dalai Lamas von Tibet wurden als wahre menschliche Verkörperungen von Chenrezig anerkannt. Aufgrund seines tiefen Mitgefühls hat sich der Dalai Lama auf eine Art gezeigt, zu der man leicht eine Beziehung aufnehmen kann. Wir haben großes

Glück, dass es die Gelegenheit gibt, dieses von Seiner Heiligkeit dem Vierzehnten Dalai Lama verfasste Gebet und die Meditationspraxis zu üben.

Die Meditationspraxis mit dem Titel „Die Untrennbarkeit des Gurus von Chenrezig: Eine Quelle kraftvoller Verwirklichungen" wurde von Seiner Heiligkeit im Alter von neunzehn Jahren verfasst und zuerst im Tibetischen Holz-Pferd Jahr (1954) publiziert. Die Übersetzung wurde ursprünglich auf den Wunsch von Mr. Ang Sim Chai aus Malaysia, angefertigt. Wir hoffen, dass Menschen durch diese Praxis eine universelle Methode zum Erreichen von Glück entdecken können – durch das Entwickeln von Mitgefühl und Liebe für alle. Mögen alle Wesen an den grenzenlosen Auswirkungen teilhaben.

Wir danken allen, die bei dieser Übersetzung geholfen haben. Die Sprache der ursprünglichen Grob-Übersetzung wurde von India Stevens korrigiert und überarbeitet. Mein Dank gilt auch Alexander Berzin und Jonathan Landaw, die sehr hilfreiche Vorschläge machten.

Sharpa Tulku
B.C. Beresford
Dharamsala, Indien
Januar 1975

Einführung

Verehrung Chenrezig, meinem Guru,
Der vollmondgleichen Essenz des weiten Mitgefühls der Buddhas,
Dem strahlend weißen Nektar ihrer all-inspirierenden Kraft.

Ich werde nun allen anderen Wesen die Standardpraxis dieses tiefgründigen Yoga darlegen.

Die einzige Wurzel jeglicher Inspiration und aller Verwirklichungen *(siddhis)* ist der spirituelle Meister (*lama* oder *guru*). Er wurde in den Sutras und Tantras[25]) mehr als einmal so bezeichnet. Er ist von grundlegender Wichtigkeit, denn wenn wir die Bitte an ihn richten, uns den fehlerfreien Pfad zu lehren, so wird das zur Grundlage für unser immerwährendes Glück. Indem ihr euch vorstellt, dass er untrennbar von der Meditationsgottheit ist, mit der ihr euch besonders verbunden fühlt, solltet ihr beide als eins visualisieren.

Die Lebendigkeit der Mahayana-Tradition stammt von Mitgefühl, Liebe und dem altruistischen Wunsch, die Erleuchtung zu erlangen, um allen Wesen wirkungsvoll bei ihrer Befreiung vom Leid helfen zu können. Die Wichtigkeit von Mitgefühl wird zudem auf allen Stufen der Entwicklung hervorgehoben. Wenn ihr also Chenrezig, die Meditationsgottheit des Mitgefühls, mit eurem eigenen Wurzel-Guru vereinen möchtet, solltet ihr zunächst schöne Opfergaben an einem geeigneten Ort herrichten. Setzt euch an einem angenehmen Platz nieder, erzeugt einen besonders heilsamen Geisteszustand, nehmt Zuflucht, entwickelt die Motivation des Erleuchtungsgeistes und meditiert über die Vier Unermesslichen Gedanken.

Vorbereitungen

1. Zuflucht

Namo Gurubhyah	Ich nehme Zuflucht zum spirituellen Meister.
Namo Buddhaya	Ich nehme Zuflucht zum Erwachten.
Namo Dharmaya	Ich nehme Zuflucht zu seiner Wahrheit.
Namo Sanghaya	Ich nehme Zuflucht zu jenen, die den spirituellen Weg gehen.

2. Die Entwicklung des Erleuchtungsgeistes

Zum erhabenen Erwachten, seiner Wahrheit und der spirituellen Gemeinschaft
Nehme ich Zuflucht bis zur Erleuchtung.
Durch die Verdienste, die ich durch Großzügigkeit und die anderen Paramitas ansammle,
Möge ich zum Wohle aller Wesen die Buddhaschaft erreichen.

3. Die Vier Unermesslichen Gedanken

Mögen alle Wesen Glück erfahren und die Ursachen von Glück.
Mögen alle Wesen frei sein von Leid und den Ursachen des Leids.
Mögen alle Wesen niemals getrennt sein vom Glück, das ohne jegliches Leid ist.
Mögen alle Wesen in Gleichmut verweilen, ohne Anhaftung und Feindseligkeit.

Rezitiere diese Gebete dreimal.

Die eigentliche Übung

1. Reinigung

Möge die Erdoberfläche ringsum
Makellos und rein sein, ohne jede Unebenheit, ohne jeden Fehler.
Möge sie so eben sein wie die Fläche einer weichen Kinderhand,
So natürlich glatt wie Lapislazuli.

Mögen die materiellen Opfergaben der Götter und Menschen,
Jene, die vor mir stehen, und jene, die vorgestellt sind,
Wie eine Wolke der einzigartigen Gaben von Samantabhadra
Die gesamte Weite des Raumes erfüllen.

OM NAMO BHAGAVATE, VAJRA SARA PRAMARDANE TATHAGATAYA, ARHATE SAMYAK SAMBUDDHAYA, TADYATHA, OM VAJRE VAJRE, MAHA VAJRA, MAHA TEJA VAJRE, MAHA VIDYA VAJRE, MAHA BODHICHITTA VAJRE, MAHA BODHI MANDO PASAM KRAMANA VAJRE SARVA KARMA AVARANA VISHO DHANA VAJRE SOHA.

Rezitiere das Reinigungsmantra dreimal.

Durch die Kraft der Wahrheit der Drei Juwelen,
Durch den Segen aller Buddhas und Bodhisattvas,
Durch die Macht der Buddhas, die die beiden Ansammlungen von Verdienst und Weisheit vollendet haben,
Durch die Macht der Leerheit, unfassbar und rein,
Mögen alle diese Gaben hiermit in ihre eigentliche Natur der Leerheit verwandelt werden.

Segne die Umgebung und die Gaben auf diese Weise.

2. Visualisierung

Im Raum des Dharmakaya[26]) der großen spontanen Glückseligkeit,
Inmitten der Wolken ausgezeichneter Opfergaben,
Auf einem leuchtenden, juwelenbesetzten Thron, der von acht Schneelöwen gestützt wird,
Auf einem Sitz aus Lotusblüte, Sonne und Mond
Weilt der erhabene Chenrezig, der große Schatz des Mitgefühls,
Der hier die Form eines Mönches in safranfarbenen Roben angenommen hat.

Mein dreifach gütiger Vajradhara-Meister[27]), heiliger Losang Tenzin Gyatso,
Mit einer hell leuchtenden Erscheinung und einem strahlenden, lächelnden Gesicht
Hältst du deine rechte Hand am Herzen in der Geste des Dharma-Lehrens
Und darin den Stängel eines weißen Lotus, auf dem ein Buch und ein Schwert liegen.
Deine Linke ruht in der Geste der Meditation und hält ein tausendspeichiges Rad,
Du trägst die drei safranfarbenen Roben eines Mönches
Und bist gekrönt von einem spitzen, goldenen Pandita-Hut.
Deine Aggregate, Sinnesfähigkeiten, Sinne und Objekte sowie deine Gliedmaßen
Sind ein Mandala mit den fünf Buddhas und ihren Gefährtinnen,
Männlichen und weiblichen Bodhisattvas und zornvollen Beschützern.

Umgeben von einer Aura aus fünf strahlenden Farben

Sitzt mein Meister in der vollkommenen Vajra-Haltung.
Er schickt ein Netzwerk wolkengleicher Selbst-Verkörperungen aus,
Um den Geist aller fühlenden Wesen zu zähmen.

In seinem Herzen weilt Chenrezig, das Weisheitswesen
Mit einem Gesicht und vier Armen.
Dessen obere Hände sind zusammengelegt,
Seine unteren Hände halten eine Gebetskette aus Kristall und einen weißen Lotus.
Er ist mit Juwelenschmuckstücken geziert und trägt himmlische Gewänder,
Seine linke Schulter ist vom Fell einer Antilope bedeckt.

Mit verschränkten Beinen sitzt er auf einem silbernen Mond und einem Lotus.
Die weiße Silbe HRIH, das Konzentrationswesen an seinem Herzen,
Strahlt farbiges leuchtendes Licht in alle zehn Richtungen aus.

An der Stirn meines Meisters ist ein weißes OM,
In seiner Kehle ein rotes AH,
An seinem Herzen ein blaues HUM,
Von dem viele Lichter in alle Richtungen ausstrahlen.
Sie laden die Drei Juwelen der Zuflucht ein, sich in ihn aufzulösen
Und ihn zur gesammelten Essenz aller Zufluchtsobjekte zu machen.

Visualisiere so den spirituellen Meister.

3. Das siebenteilige Gebet

Niederwerfungen

Dein befreiter Körper ist mit allen Zeichen eines Buddha geschmückt,
Deine melodiöse Rede, die alle sechzig Rhythmen enthält, fließt ohne Zögerlichkeit hervor;
Dein weiter und tiefer Geist ist voll unbeschreiblicher Weisheit und Mitgefühl;
Ich verneige mich vor dem Rad dieser drei geheimen Schmuckstücke von Körper, Rede und Geist.

Gaben

Materielle Gaben aus meinem Besitz und aus dem von anderen,
Tatsächlich aufgestellt und visualisiert,
Meinen Körper, meinen Besitz und alle Tugenden, die ich in den drei Zeiten ansammelte,
Bringe ich euch auf vorgestellten Wolkenmeeren dar, Samantabhadras Gaben gleich.

Bekenntnis

Weil mein Geist vom lähmenden Dunkel der Unwissenheit umfangen war,
Tat ich viel Falsches und verstieß gegen die Vernunft und gegen meine Gelübde.
Alle Fehler, die ich in der Vergangenheit beging,
Bekenne ich rückhaltlos vor dir
Und verspreche mit tiefem Bedauern, sie nie mehr zu begehen.

Erfreuen

Von tiefstem Herzen erfreue ich mich an den erleuchteten Taten der erhabenen Meister
Und an den heilsamen Handlungen von Vergangenheit, Gegenwart und Zukunft,
Begangen von mir und anderen
Sowie von den gewöhnlichen und erhabenen Wesen der drei heiligen Traditionen.[28])

Bitten

Die göttliche Musik der reinen Dharma-Wahrheit
Lässt die Melodie der Tiefe und des Friedens
In Übereinstimmung mit den Neigungen verschiedener Schüler erklingen.
Ich bitte dich, erwecke durch sie alle Lebewesen aus dem Schlaf
Der gewöhnlichen und instinktiven Verunreinigungen.

Den Lama bitten zu verweilen

Bitte verankere deine Füße im unauflöslichen Zustand von EVAM
Fest auf dem unzerstörbaren Vajrathron,
Bis alle fühlenden Wesen den ruhigen Atem der Freude im letztendlichen Zustand der Verwirklichung erlangt haben,
Ungetrübt von den Extremen des Weltlichen und der friedvollen Befreiung.

Widmung

Ich widme meine heilsamen Handlungen der drei Zeiten,
Auf dass ich stets die Fürsorge eines Meisters erfahren
Und die volle Erleuchtung zum Wohle aller erreichen möge,
Indem sich meine Gebete erfüllen, die höchste Tat von Samantabhadra.

4. Die Mandala-Gabe

Euch, der Versammlung der Buddhas, die ich vor mir visualisiere,
Bringe ich dieses Mandala dar, errichtet auf einer Grundlage,
Mit Blumen, Safranwasser und Räucherwerk geschmückt,
Geziert von dem Berg Meru und den vier Kontinenten sowie Sonne und Mond.
Mögen alle fühlenden Wesen an den grenzenlosen Auswirkungen dieses heilsamen Tun teilhaben.

Diese Gabe eines kostbaren, juwelenbesetzten Mandala bringe ich dar,
Zusammen mit anderen reinen Gaben, meinem Besitz
Und dem Heilsamen von Körper, Rede und Geist,
Angesammelt in den drei Zeiten.

Meine Meister, meine Yidams und die Drei kostbaren Juwelen,
Mit unerschütterlichem Vertrauen bringe ich euch all dies dar.
Nehmt es an, in eurem grenzenlosen Mitgefühl,
Und schickt mir Wellen inspirierender Kraft.

OM IDAM GURU RATNA MANDALAKAM NIRYATA YAMI

Bringe so das siebenteilige Gebet und die Mandala-Gabe dar.

5. Der Segen des Meisters

Vom HRIH am Herzen Chenrezigs,
Der am Herzen meines verehrten Meisters weilt,
Fließen Nektarströme und Strahlen fünffarbigen Lichts,
Treten in den Scheitel meines Kopfes ein,
Vertreiben alle Geistesschleier und gewähren mir
Alle gewöhnlichen und besonderen machtvollen Verwirklichungen.

OM AH GURU VAJRADHARA VAGINDRA SUMATI SHASANA DHARA SAMUDRA SHRI BHADRA SARVA SIDDHI HUM HUM

Rezitiere das Mantra des spirituellen Meisters so oft wie möglich.

6. Das Gebet zum Stufenweg

Segne mich, auf dass ich mich meinem Meister anvertraue,
Mit den reinsten Gedanken und Handlungen,
Und meine Zuversicht gestärkt wird, dass du,
Mein mitfühlender, heiliger Meister,
Die Grundlage aller zeitweiligen und immerwährenden Glückseligkeit bist,
Denn du erklärst den wahren Pfad, frei von jeder Täuschung
Und verkörperst die Ganzheit der unzähligen Objekte der Zuflucht.

Segne mich, damit ich ein Dharma-Leben führe
Und nicht durch die illusionären Beschäftigungen dieses Lebens abgelenkt werde,

Denn schließlich weiß ich, dass diese Freiheiten und Ausstattungen
Selbst von unzähligen Schätzen und gigantischen Reichtümern nicht übertroffen werden
Und dass diese kostbare Form – auch wenn man sie einmal hat – nicht dauert.
In jedem Augenblick kann sie zerstört werden.

Segne mich, damit ich unheilsame Handlungen beende
Und Heilsames tue, indem ich mir stets
Der Ursachen und Auswirkungen gütiger und schädlicher Handlungen bewusst bin
Und die Drei kostbaren Juwelen als letztendliche Quelle der Zuflucht
Sowie als Schutz vor den unerträglichen Schrecken unglückseliger Wiedergeburten achte.

Segne mich, damit ich die Drei Höheren Übungen praktiziere,
Motiviert durch unerschütterliche Entsagung, die auf der klaren Einsicht beruht,
Dass selbst der Reichtum des Herrn der Devas
Eine bloße Täuschung ist, dem verführerischen Zauber der Sirenen gleich.

Segne mich, damit ich das Meer der Übungen meistere
Und sofort die höchste Motivation des Erleuchtungsgeistes entwickle,
Indem ich über die Kümmernisse aller mütterlichen Wesen nachdenke,
Die mich seit anfangloser Zeit durch ihre Güte nährten
Und nun gefoltert werden, gefangen in diesem oder jenem Extrem,

Entweder auf dem Rad des Leidens oder in der friedvollen Befreiung.

Segne mich, damit ich das Yoga entwickle,
Das Geistige Ruhe mit Durchdringender Einsicht verbindet,
Und in dem der hunderttausendfache Glanz der Leerheit,
Für immer frei von den beiden Extremen,
Ungehindert im klaren Spiegel stabiler Meditation erscheint.

Segne mich, damit ich genau die Gelübde und Ehrenworte einhalte,
Die die Wurzel aller machtvollen Verwirklichungen sind,
Nachdem ich durch die Güte meines geschickten Meisters
Durch das Tor des äußerst tiefgründigen Tantra eingetreten bin.

Segne mich, damit ich in diesem Leben
Das glückselige Mahamudra der Vereinigung von Körper und Weisheit erlange,
Indem ich mit dem Schwert der Nicht-Dualität von Glückseligkeit und Leerheit
Meine alles-erschaffende karmische Energie vollkommen durchschneide.

Nachdem du auf diese Weise gebetet hast, dass sich alle Pfade des Sutra und Tantra in deinem Geistesstrom entwickeln mögen, und eine Überblicksmeditation geübt hast, rezitiere das sechssilbige Mantra im Zusammenhang mit der Auflösung des spirituellen Meisters in dein Herz.

7. Die Auflösung des spirituellen Meisters

Nachdem ich meinen erhabenen Meister auf diese Art gebeten habe,
Steigt er voller Glückseligkeit durch den Scheitel meines Hauptes
Und löst sich in den unzerstörbaren Punkt
In der Mitte meines achtblättrigen Herzens auf.[29])

Nun erscheint mein Meister erneut auf einem Mond und einem Lotus.
In seinem Herzen weilt Chenrezig und in dessen Herzen steht die Silbe HRIH,
Umgeben von einer Kette des sechssilbigen Mantras,
Der Quelle, aus der Nektarströme fließen,
Die alle Hindernisse und Krankheiten beseitigen
Und meine Kenntnisse der Schriften und Einsichts-Unterweisungen des Buddha mehren.
So erhalte ich den Segen aller Siegreichen und ihrer Kinder,
Und strahlendes Licht geht aus,
Um alle Fehler der Wesen und der Umgebung zu bereinigen.

Auf diese Weise erreiche ich den höchsten yogischen Zustand
Und verwandle alle Erscheinungen, Klänge und Gedanken
In die drei geheimen Methoden der Erhabenen.[30])

Rezitiere nach dieser Visualisierung das sechssilbige Mantra OM MANI PADME HUM so oft wie möglich. Am Ende solltest du einmal das hundertsilbige Vajrasattva-Mantra sprechen.

OM VAJRASATTVA SAMAYA / MANU PALAYA / VAJRASATTVA TENOPATITA / DRIDHO ME BHAVA / SUTOSHYO ME BHAVA / SUPOSHYO ME BHAVA / ANU RAKTO ME

BHAVA / SARVA SIDDHIM ME PRAYACHA / SARVA KARMA SUCHA ME / CHITTAM SHRIYAM KURU HUM / HA HA HA HA HO BHAGAVAN / SARVA TATHA GATA VAJRA MA ME MUNCHA / VAJRA BHAVA MAHA SAMAYA SATTVA / AH HUM PHAT

8. Widmung

In der glorreichen hunderttausendfachen Ausstrahlung des jugendlichen Mondes heilsamer Übung,
Im blauen Jasmingarten der Methode der Wahrheit des siegreichen Schatz-Geistes[31])
Mögen die Samen der Erklärungen und Erkenntnisse keimen und überall auf der Erde erblühen;
Möge das Glück verheißende alles verschönern – bis zu den Grenzen des Universums.[32])

Das unauslöschlich, juwelenbesetzte Banner der religiösen und weltlichen Herrschaft[33])
Flattert hoch über den drei Bereichen,[34])
Beladen mit Millionen Tugenden und vollkommenen Verwirklichungen.
Mögen Myriaden Wünsche für Nutzen und Glückseligkeit in Erfüllung gehen.

Nachdem die Schwere des Verfalls dieser Ära vertrieben wurde
– über den Saphir der Erde hinaus, der von einem himmlischen Mädchen gehalten wird –,
Mögen alle Lebewesen mit spontaner Heiterkeit und Freude
In das Strahlen von umfassendem Glück und Wonne eintauchen.

Kurz: O Schützer, kraft deiner wohlwollenden Fürsorge
Möge ich in der Kette meiner Leben niemals von dir getrennt sein,
Möge ich mit Leichtigkeit und völlig mühelos direkt
In die große Stadt der Einheit, den allmächtigen kosmischen Zustand selbst[35]), eingehen.

Nachdem wir auf diese Weise Widmungsgebete gesprochen haben, rezitiere noch andere, beispielsweise das „Gebet des allgütigen Bodhisattva Samantabhadra" oder „Das Gebet über Anfang, Mitte und Ende in Tugend".[36]) Spreche schließlich das folgende Gebet:

Abschluss

Durch die Kraft des makellosen Mitgefühls der Siegreichen und ihrer Kinder
Mögen alle Hindernisse im gesamten Universum für alle Ewigkeit beseitigt werden.
Mögen alle günstigen Zeichen immer mehr Glück verheißen
Und möge sich alles Heilsame im Daseinskreislauf oder in der friedvollen Befreiung
Vermehren und immer strahlender werden – dem Neumond gleich, der zum Vollmond wird.

Diese Schrift wurde aufgrund wiederholter Bitten des assistierenden Kabinett-Ministers Mr. Shankawa Gyurme Sonam Tobgyal verfasst, der mich mit aufrichtigem Vertrauen und mit Gaben bat, eine einfache und vollständige Sadhana über die Untrennbarkeit von Chenrezig und mir selbst zu schreiben. Diese Praxis enthält eine kurze Überblicksmeditation über den gesamten Stufenweg und die Mantras von Meister und Chenrezig. Es ist nicht korrekt von mir, solch eine Praxis im Zu-

sammenhang mit mir selbst zu schreiben, doch man kann schließlich Wellen inspirierender Kraft auch von gewöhnlichen Wesen empfangen, genauso wie Reliquien aus einem Hundezahn entstehen können.[37]*) Daher habe ich diese verfasst und hoffe damit ein paar vertrauensvollen Schülern zu nutzen.*

Der buddhistische Mönch
Ngawang Losang Tenzin Gyatso,
der den Titel „Halter des weißen Lotus"(Chenrezig) trägt.

Anmerkungen

1) Chenrezig ist der tibetische Name des Buddha des Mitgefühls. Dessen sanskritischer Name ist Avalokitheshvara.

2) Der Lapislazuli ist ein Halbedelstein von tiefblauer Farbe, der normalerweise sehr glatt ist.

3) Die „Götter" sind die Wesen, die in den himmlischen Bereichen weilen, dem Daseinsbereich mit dem geringsten Leiden innerhalb des Daseinskreislaufs (Samsara).

4) Samantabhadra ist einer der acht Bodhisattvas der Mahayana-Überlieferung. Er wurde wegen seiner großzügigen Gaben für die Buddhas der zehn Richtungen bekannt. „Bodhisattva" bedeutet, wörtlich übersetzt, „Mutiger, der nach der Erleuchtung strebt". Ein Bodhisattva erträgt mutig alle Schwierigkeiten, um die Unwissenheit und die Energie aus früher begangenen negativen Handlungen zu überwinden und so die vollkommene Erleuchtung zum Wohle aller anderen Wesen zu erreichen.

5) Vier der acht Schneelöwen blicken nach oben, da sie Schutz vor Störungen von oben gewähren. Vier blicken nach unten, da sie vor Störungen von unten schützen.

6) Der Lotus, der im Schlamm wächst, ist ein Symbol für die Reinheit eines Bodhisattva, der über die Fesseln des Daseinskreislaufs hinausgeht und von der Verwirrung der Welt nicht beschmutzt wird. Der Mond symbolisiert den konventionellen Erleuchtungsgeist, Bodhichitta: den altruistischen Wunsch, zum Wohl der anderen die Buddhaschaft zu erlangen. Die Sonne steht für die letztendliche Weisheit von Bodhichitta: die direkte Erkenntnis der Leerheit, der wahren Existenzweise der Phänomene.

7) Der weiße Lotus steht für die reine Natur der unterscheidenden Weisheit der durchdringenden Einsicht in die Leerheit. Das ent-

sprechende Wissen wird von dem Buch symbolisiert, das auf dem Lotus liegt – zusammen mit einem flammenden Schwert vollkommenen Gewahrseins, das die Wurzeln der Unwissenheit durchtrennt. Bei dem Buch handelt es sich um eines der Sutras von der Vollendung der Weisheit *(prajnaparamita).*

8) Das tausendspeichige Rad steht für das Drehen des Rades der Wahrheit *(dharmachakra),* den Lehren des Buddha.

9) Die drei Roben stehen für die drei höheren Übungen der Ethik, der meditativen Festigung und der unterscheidenden Weisheit.

10) Der goldene Hut des Pandita ist ein Symbol für seine reine Ethik. Seine Spitze steht für die durchdringende Weisheit. Ein Pandita ist ein Meister der fünf Hauptzweige des Wissens: Kunst, Medizin, Grammatik, Logik und die inneren, buddhistischen Wissenschaften.

11) Die Meditation über die fünf Buddhas oder Sieger *(jinas)* kommt in der tantrischen Praxis vor und dient der Reinigung der fünf Aggregate *(skandhas)* und der Umwandlung der fünf Geistesschleier – Gier, Hass, Eifersucht, Stolz und Unwissenheit – in die fünf Weisheiten. Die fünf Aggregate sind: Form, Empfindung, Unterscheidung, zusammengesetzte Faktoren und Bewusstsein. Die fünf Weisheiten sind: Weisheit der Leerheit, der Gleichheit, der Individualität, der Vollendung und die spiegelgleiche Weisheit. Die fünf Buddhas werden auch oft als „Dhyani Buddhas" bezeichnet.

12) Die fünf Farben sind rot, blau, gelb, grün und weiß. Sie haben eine Beziehung zu den fünf Buddhas.

13) Ein Weisheitswesen *(ye she sems pa)* ist das Wesen, was bei der Visualisierung einer Gottheit gemeint ist. Am Anfang erzeugt man in der Visualisierung konzeptuell ein geistig manifestiertes Wesen *(dam tsig sems pa)* – aus einem entspannten aber kontrollierten, schöpferischen Konzentrationszustand heraus. Was dabei vorgestellt wurde, verschmilzt schließlich mit dem Weisheitswesen, wenn die eigene Sicht der Gottheit nicht-konzeptuell wird.

14) Die Perlen der Kristall-Gebetskette, die Chenrezig in Händen hält, sind ein Symbol für die fühlenden Wesen. Wenn er die Perlen durch die Finger gleiten lässt, so zeigt das, dass er die Wesen aus ihrem Unglück im Daseinskreislauf herauszieht und sie in den Zustand jenseits des Leidens *(Nirwana)* führt. Der weiße Lotus steht für seinen reinen Geisteszustand.

15) Von der Antilope sagt man, sie sei sehr gütig und einfühlsam gegenüber ihren Nachkommen. Deshalb gilt sie als Symbol für

den konventionellen Erleuchtungsgeist, die Entwicklung einer gütigen und mitfühlenden Haltung andern gegenüber.

16) Der Mond steht für die Methode, mit der man dem spirituellen Pfad folgt und das Verhalten eines Bodhisattvas ausübt. Der Lotus ist ein Symbol für die unterscheidende Weisheit der Einsicht in die Leerheit.

17) Es gibt zweiunddreißig Haupt- und achtzig Nebenmerkmale, die ein Hinweis auf die Verwirklichungen eines erleuchteten Wesens sind.

18) EVAM ist eine Sanksrit-Keimsilbe, die „so" bedeutet. Sie steht für die Einheit der positiven und negativen Aspekte kosmischer Energie, die in Bezug auf ihre Energie von früher und ihre Potentialität für die Zukunft in der Gegenwart vereint sind.

19) „Yidam" ist die Meditationsgottheit, mit der man sich identifiziert, wenn man tantrisches Gottheiten-Yoga übt. Man sollte es nur praktizieren, nachdem man eine Ermächtigung von einem vollkommen qualifizierten tantrischen Meister erhalten hat.

20) Die Drei Höheren Übungen sind: Ethik, meditative Sammlung *(Samadhi)* und unterscheidende Weisheit.

21) Selbst Indra, der Herr der Devas, wird eines Tages die Ansammlung von tugendhaften Handlungen aufgebraucht haben, die ihm erlaubt, eine der höchsten Stellungen innerhalb der sechs Bereiche des Daseinskreislaufs einzunehmen; dann wird auch er in einen niederen Bereich hinabfallen.

22) Die beiden Extreme sind: der Glaube an wahrhafte Selbstexistenz oder an Nicht-Existenz. Der Mittlere Weg *(Madhyamaka)* zeigt einen Pfad, der in keines der beiden Extreme verfällt.

23) Das Große Siegel *(Mahamudra, chag gya chen po)* der Einheit von Körper und Weisheit *(Yuganaddha, zung jug)* ist die Einheit des Klaren Lichts *(Prabhasvara, ö sel)* und des Illusionskörpers *(Mayakaya, gyu lu)*. Der Illusionskörper ist der feinste stoffliche Körper, eine Verbindung aus Energie *(Vayu, lung)* und Bewusstsein *(Chitta, sem)*. Das Klare Licht ist die Weisheit der Nicht-Dualität von Glückseligkeit und Leerheit.

24) Die Nicht-Dualität von Glückseligkeit und Leerheit ist die Glückseligkeit der direkten Erkenntnis der Leerheit.

25) Die Sutras sind die Lehren des Buddha, die sich mit allgemeinen Themen auseinandersetzen, die Tantras haben dagegen esoterische Themen zum Inhalt.

26) Der *Dharmakaya* ist der Wahrheitskörper eines vollkommen erleuchteten Wesens. Er ist das letztendliche Resultat aller Übungen und entsteht aus der Ansammlung meditativer Einsichten.
27) „Vajradhara-Meister" ist eine Bezeichnung für einen Meister des Tantra, die anzeigt, dass er als untrennbar von Buddha Vajradhara (tib. *Dorje Chang,* Halter des Vajra), der tantrischen Verkörperung Buddha Shakyamunis angesehen wird. Der Vajra ist ein Symbol für Stärke und Einheit. Er ist dreifach gütig, da er die Ermächtigung für die Praxis des Gottheiten-Yoga gibt, sowie die mündliche Überlieferung, die in einer ununterbrochenen Linie vom Erleuchteten selbst stammt und auf seiner eigenen Erfahrung basierende mündliche Erläuterungen der tantrischen Prozesse.
28) Die drei heiligen Traditionen des Buddhismus sind die Fahrzeuge der Shravakas, der Pratyekabuddhas und der Bodhisattvas.
29) Das Herzrad *(chakra)* des zentralen Kanals *(nadi)* ist achtfach unterteilt.
30) Die drei geheimen Methoden der Erhabenen sind: a) die gesamte Umgebung als eine glückselige Wohnstatt *(Mandala)* und alle Wesen als Verkörperungen der Gottheit sehen; b) alle Klänge als Mantra hören und c) intuitiv verstehen, dass alles leer von Selbstexistenz ist.
31) „Siegreicher Schatz-Geist" ist ein Name für Manjushri, die Meditationsgottheit, die die unterscheidende Weisheit verkörpert. Seine Methode zur Wahrheitsfindung ist die direkte Erkenntnis der Leerheit.
32) Die Grenze des Universums ist erreicht, wenn alle Wesen die vollkommene Erleuchtung erlangt haben.
33) „Religiöse und weltliche Herrschaft" bezieht sich hier auf die vor 1959 übliche Regierungsform in Tibet.
34) Die drei Bereiche sind: Begierde-, Form- und formloser Bereich
35) „Die große Stadt der Einheit, der allmächtige kosmische Zustand" ist die Buddhaschaft.
36) „Gebet des allgütigen Bodhisattva Samantabhadra" ist das *Bhadracharyapranidhana (zang po cho pe mon lam).* „Das Gebet über Anfang, Mitte und Ende in Tugend" *(tog ta ma)* stammt von Lama Tsong Khapa.
37) In Tibet bat eine sehr fromme Frau einmal ihren Sohn, der auf eine Handelsreise nach Indien ging, ihr Reliquien des Buddha mitzubringen. Ihr Sohn reiste zwar drei Mal, vergas aber immer wieder die Reliquien, die er versprochen hatte. Da er seine Mut-

ter nicht noch ein weiteres Mal enttäuschen wollte, hob er einen Hundezahn von der Straße auf, als er sich bei seiner letzten Reise seiner Heimat näherte, und schenkte es ihr mit großer Verehrung. Sie war überglücklich und legte den Zahn auf den Altar der Familie. Sie brachte diesem „heiligen Zahn" viele Huldigungen dar und – zur Überraschung ihres Sohnes – entstanden aus dem Zahn viele neue Reliquien.

Glossar

(skt. = Sanskrit; tib. = Tibetisch)

Abhängiges Entstehen Die Art und Weise, in der das Selbst und alle Phänomene konventionell existieren; sie entstehen in Abhängigkeit 1) von Ursachen und Bedingungen, 2) von ihren Teilen, 3) vom Geist, der sie benennt.

Absolute Sicht Die Sicht der absoluten Wirklichkeit.

Absolute Wirklichkeit Nichdualität; Leerheit; absolute Natur; letztendliche Wirklichkeit; grundlegende Natur; die Art und Weise in der das Selbst und alle Phänomene tatsächlich existieren – nämlich leer von Selbstexistenz.

Absoluter Guru Der glückselige und allwissende Geist der Buddhas, der Dharmakaya.

Absolutes Siegel *siehe* Mahamudra

Akshobhya *siehe* fünf Dhyani Buddhas

Altar Ein Tisch oder eine andere ebene Fläche, auf der Darstellungen von Körper, Rede und Geist des Guru-Buddha sowie Opfergaben für diese aufgestellt sind.

Amitabha *siehe* fünf Dhyani Buddhas

Amoghasiddha *siehe* fünf Dhyani Buddhas

Analytische Meditation *siehe* Meditation

Asanga Buddhistischer Meister aus dem fünften Jahrhundert. Zusammen mit Nagarjuna einer der beiden Juwelen des Südlichen Kontinents, die man verehrt, weil sie wesentlich zur Verbreitung des Mahayana-Buddhismus beitrugen; Gründer der Yogachara-Schule der buddhistischen Philosophie.

Atisha (982–1054) Indischer buddhistischer Meister, der den Buddhismus nach dessen Unterdrückung durch den anti-religiösen König Lang-darma nach Tibet zurückbrachte. Autor der ersten und grundlegenden Lamrim-Schrift *Lampe auf dem Pfad zur Erleuchtung.*

Avalokiteshvara (skt.) *siehe* Chenrezig

Befreiung Nirwana, der Zustand jenseits allen Leids; Befreiung vom Leid durch das Überwinden aller Täuschungen; das Ziel der Hinayana-Praktizierenden.

Berg Meru Der indischen Mythologie zufolge das Zentrum des Universums.

Bewusstseinsübertragung Die Methode, die Yoginis und Yogis benutzen, um ihr Bewusstsein zum Todeszeitpunkt in ein Reines Land zu überführen.

Bodhichitta (skt.) Wörtlich: Erleuchtungsgeist. Der mühelos entstehende und ständig präsente altruistische Wunsch im Geist der Bodhisattvas, zum Wohle aller Lebewesen die Erleuchtung zu erlangen.

Bodhisattva (skt.) Eine Person, die Bodhichitta besitzt. Man wird zu einem Bodhisattva, wenn das Bodhichitta mühelos entsteht.

Buddha (skt.) Ein erleuchtetes Wesen wie etwa Shakyamuni Buddha, der Gründer des Buddhismus. Das erste der Drei Juwelen.

Buddhadharma *siehe* Dharma.

Buddhaschaft *siehe* Erleuchtung

Chakra (skt.) wörtlich: Rad. Chakren bilden sich an verschiedenen Punkten im Zentralkanal durch die Verzweigungen der Kanäle. Die sechs Hauptchakren befinden sich an den Brauen, am Scheitel, an der Kehle, am Herzen, am Nabel und am Sexualorgan.

Chandrakirti Der indische Gelehrte und Schüler Nagarjunas aus dem sechsten Jahrhundert, der Nagarjunas Darstellung des Madhyamaka erläuterte und damit die Madhyamaka-Prasangika Auslegung begründete. Chandrakirtis Schriften dienen allen tibetischen Traditionen als Grundlage für das Studium des Mittleren Weges.

Chenrezig (tib.) Meditationsgottheit, die das Mitgefühl aller Erleuchteten verkörpert.

Chenrezig Institute Ein buddhistisches Zentrum in Queensland, Australien, das der Stiftung zur Erhaltung der Mahayana Tradition angehört, einer von Lama Yeshe gegründeten Organisation. Die vorliegenden Unterweisungen wurden dort 1976 gegeben.

Dalai Lama Weltlicher und spiritueller Führer des tibetischen Volkes, der als menschliche Verkörperung von Chenrezig betrachtet wird. Der gegenwärtige Dalai Lama, der vierzehnte seiner Linie, wurde 1935 geboren und ist das Oberhaupt der tibetischen Exilregierung in Dharamsala, Indien. Er ist der Autor der Schrift, die hier von Lama Yeshe kommentiert wird.

Dharma (skt.) Allgemein: spirituelle Praxis; spezifisch: die Lehren des Buddha, die vor Leiden schützen und zur Befreiung und vollständigen Erleuchtung führen; das zweite der Drei Juwelen.

Dharmachakra (skt.) wörtlich: Dharmarad. Achtspeichiges Rad, das die Lehren des Buddha symbolisiert. Das Drehen des Dharmarades ist ein Symbol für die Verbreitung des Buddhadharma, bzw. das Wiederbringen dieser Lehren, wenn sie aus der Welt verschwunden sind.

Dharmakaya (skt.) *siehe* drei Kayas

Drei Hauptaspekte des Pfades Die drei wichtigsten Einsichten, die man auf dem Sutra-Pfad erlangt und die als Vorbereitung für die tantrische Praxis gelten: Entsagung, Bodhichitta und die Weisheit, die die Leerheit versteht.

Drei Juwelen: Buddha (der Lehrer), Dharma (seine Lehre) und Sangha (die spirituelle Gemeinschaft); die drei Objekte der Zuflucht im Buddhismus.

Drei Kayas (skt.) Die drei Körper eines Buddha: der Dharmakaya (Wahrheitskörper) ist der glückselige, allwissende Geist eines Buddha. Hier wird der Begriff oft als Synonym für Leerheit verwendet. Der Sambhogakaya (Freudenkörper) ist der feinstoffliche Lichtkörper der Gottheit, in dem der Buddha den Bodhisattvas erscheint, und der Nirmanakaya (Ausstrahlungskörper) ist die Form, in der sich der Buddha gewöhnlichen Wesen darstellt.

Dualistische Sicht Die falsche Sichtweise von sich selbst und der Welt, die aus der grundlegenden Verblendung der Unwissenheit entsteht und einen dazu veranlasst, alles als selbstexistent zu betrachten.

Einweihung Die Übertragung der Praxis einer bestimmten Gottheit vom tantrischen Meister an seinen Schüler, die diesem erlaubt, die Praxis zu üben.

Entsagung Der dauerhafte Wunsch, vom Leiden des Samsara frei zu sein, der auf der Erkenntnis beruht, dass gewöhnliches Glück keinerlei Essenz hat.

Erleuchtung Buddhaschaft; Allwissenheit; Ganzheit; Erwachen; Stand von Chenrezig; Vereinigung; Einheit von Methode und Weisheit; das letztendliche Ziel der Praxis im Mahayana-Buddhismus und das Potential aller Lebewesen. Die Merkmale sind: 1) unendliche Weisheit, die die Wirklichkeit aller Phänomene erkennt und den Geist jedes einzelnen fühlenden Wesen sieht; 2) unendliches Mitgefühl, der spontane und stets gegenwärtige

Wunsch, alle fühlenden Wesen von ihren Leiden zu befreien und sie zur Erleuchtung zu führen und 3) unendliche Kraft, die Fähigkeit alles zu tun, was getan werden sollte, um das zu erreichen.

Erzeugungsstufe Die erste der beiden Stufen des Höchsten Yogatantra, auf der die Yogis und Yoginis üben, die gewöhnlichen Erfahrungen von Tod, Zwischenzustand und Wiedergeburt in die reinen Erfahrungen von Dharmakaya, Sambhogakaya und Nirmanakaya umzuwandeln. Während sie sich als diese Nirmanakaya-Gottheit visualisieren, entwickeln sie die klare Erscheinung und den göttlichen Stolz, tatsächlich diese Gottheit zu sein.

Feinstofflicher Körper Vajra-Körper; das System von Kanälen, Winden und Kundalini-Tropfen im menschlichen Körper.

Fühlende Wesen Alle Wesen innerhalb der sechs Bereiche.

Fünf Aggregate Die geistig-körperlichen Bestandteile der fühlenden Wesen: Form, Empfindung, Unterscheidung, zusammengesetzte Faktoren und Bewusstsein.

Fünf Dhyani Buddhas Auf Sanskrit: *Jinas.* Die Oberhäupter der fünf Buddha-Linien: Akshobya, Vairochana, Ratnasambhava, Amitabha und Amoghasiddhi. Sie stehen jeweils für: 1) die Reinigung der fünf befleckten Aggregate, nämlich Bewusstsein, Form, Empfindung, Unterscheidung, zusammengesetzte Faktoren; 2) die Reinigung der Verblendungen, nämlich Unwissenheit, Hass, Geiz und Stolz, Verlangen und Eifersucht und 3) die Meisterung der fünf Arten von Weisheit, nämlich der Weisheit des Dharmadhatu, spiegelgleiche Weisheit, Weisheit der Gleichheit, Weisheit der Unterscheidung und die alles-vollendende Weisheit.

Gelug (tib.) wörtlich: die Tugendhaften. Eine der vier Traditionen des tibetischen Buddhismus; sie wurde von Lama Je Tsongkhapa im frühen 15. Jahrhundert gegründet und von berühmten Lamas wie etwa den Dalai Lamas und Panchen Lamas und deren Nachfolgern weiterverbreitet.

Gott Bewohner des höchsten und angenehmsten Bereiches innerhalb von Samsara.

Gottheit *Yidam* (tib.) Ein göttliches Wesen; ein Buddha wie etwa Chenrezig, mit dem sich ein Meditierender während der tantrischen Praxis identifiziert.

Göttlicher Stolz Die starke Überzeugung von Praktizierenden, dass sie tatsächlich selbst die Gottheit sind, die sie in der Meditation visualisieren. Diese Erfahrung in Verbindung mit der Klaren Erscheinung wird während der Erzeugungsstufe zur Vollendung gebracht.

Guru (skt.) Lama (tib.); wörtlich „schwer", d.h. gewichtig aufgrund des Dharma-Wissens. Der eigene spirituelle Meister.

Guru Chenrezig Der eigene tantrische Guru, der als untrennbar eins mit Chenrezig gesehen wird. Bei der vorliegenden Praxis wird Seine Heiligkeit der Dalai Lama als Guru visualisiert.

Gurumantra Ein Sanskrit-Mantra, das den Namen des eigenen Guru beinhaltet.

Guruyoga (skt.) Die tantrische Praxis, in der Yogis und Yoginis in ihrer Meditation den Guru und die Gottheit als untrennbar eins betrachten und diese Guru-Gottheit dann mit ihrem eigenen Geist verschmelzen lassen.

Handlungs-Tantra (skt. *kriya tantra)* Die erste der vier Tantraklassen, in der die Glückseligkeit, die durch das Anschauen der Gottheit entsteht, auf dem Pfad zur Erleuchtung genutzt wird.

Hinayana (skt.) wörtlich: geringeres Fahrzeug. Der buddhistische Pfad, dessen Ziel Nirwana, die eigene Befreiung aus Samsara, ist.

Hinduismus Die Hauptreligion Indiens.

Höchstes Yogatantra (skt. Mahaanuttara Yogatantra); die vierte und höchste Tantraklasse, die aus Erzeugungsstufe und Vollendungsstufe besteht und die man meistern muss, wenn man die Erleuchtung erlangen will.

Höllenwesen Bewohner des niedersten und elendesten Bereichs innerhalb von Samsara, die unter Hitze, Kälte und anderen extrem qualvollen Zuständen leiden.

Hungergeist *siehe* Samsara

Karma (skt.) wörtlich: Handlung, Tat. Das Gesetz von Ursache und Wirkung; der Prozess, durch den positive Taten von Körper, Sprache und Geist zu Glück führen und negative zu Leid; die Erklärung des Buddha, warum einige Wesen Glück erfahren und andere Leid.

Keimsilbe Ein Sanskrit-Buchstabe, wie etwa HRIH, den man während der Meditation in den Chakren visualisiert.

Klare Erscheinung Die lebendige Erscheinung von einem selbst als Meditationsgottheit, die man in der tantrischen Praxis zusammen mit dem göttlichen Stolz entwickelt.

Kloster Kopan Lama Yeshe und Lama Thubten Zopa Rinpoche gründeten 1969 im Kathmandu-Tal von Nepal dieses Kloster, in dem etwa 300 Mönchen nach der Tradition der tibetischen Klosteruniversitäten studieren und Kurse für westliche Menschen und andere Ausländer abgehalten werden.

Konzentrationswesen Die feinstoffliche Essenz der Meditationsgottheit, die als Sanskrit-Silbe HRIH oder als Lichtstrahl visualisiert wird, aus dem man dann als Meditationsgottheit hervorgeht.

Lama (tib.) *siehe* Guru

Lama Je Tsongkhapa (1357–1419) Der Mahasiddha, Gelehrte und Lehrer, der die Gelug-Tradition des Tibetischen Buddhismus begründete.

Lamrim (tib.) wörtlich: Stufenweg: Eine schrittweise Darstellung der Lehren des Buddha, die ursprünglich im 11. Jahrhundert von Lama Atisha durch seine Schrift *Lampe auf dem Pfad zur Erleuchtung* in Tibet eingeführt wurde. Der Lamrim beinhaltet Hinayana, Paramitayana und Tantrayana und stellt den Pfad in Form von Meditationen dar, die stufenweise zu meistern sind.

Leerheit Nicht-Dualität, Nicht-Selbstexistenz, Ganzheit; die absolute Natur des Selbst und aller Phänomene. Letztlich ist alles leer davon, dualistisch, inhärent, wahrhaft, von seiner eigenen Seite her zu existieren.

Madhyamaka (skt.) wörtlich: Mittlerer Weg. Die philosophische Schule, die von Nagarjuna begründet wurde.

Mahamudra (skt.) wörtlich: Großes Siegel. Im Sutra bezieht sich der Begriff auf die Leerheit des Geistes, im Tantra bezieht er sich auf die Vereinigung der gleichzeitig entstandenen Weisheit mit der Leerheit. Er wird auch für die Meditationsarten gebraucht, die diese Verwirklichungen hervorbringen. Hier wird der Begriff als Synonym für die Leerheit aller Phänomene verwendet.

Mahasiddha (skt.) wörtlich: großer Verwirklichter. Ein hoch entwickelter Praktizierender des Tantra.

Mahayana (skt.) wörtlich: Großes Fahrzeug. Der Pfad der Bodhisattvas, deren letztendliches Ziel die Buddhaschaft ist; beinhaltet Paramitayana und Tantrayana.

Maitreya Der fünfte unter den tausend Gründer-Buddhas des gegenwärtigen Weltzeitalters, der – Prophezeiungen zufolge – das Rad des Dharma drehen wird, wenn die Lehren des Buddha Shakyamuni verschwunden sind. Er ist auch der Lehrer, der Asanga die wahre Bedeutung der *Prajnaparamita Sutras* (Sutras von der Vollendung der Weisheit) erklärte.

Mandala (skt.) Die reine Umgebung einer tantrischen Gottheit; das Diagramm oder das Gemälde, das diese darstellt.

Mandala-Gabe Das gesamte Universum wird visualisiert und der Guru-Gottheit dargebracht; eine der tantrischen Vorbereitungsübungen.

Manjushri (skt.) Ein männlicher Buddha, der die Weisheit verkörpert, die die Leerheit versteht.

Mantra (skt.) wörtlich: Schutz für den Geist. Der Geist wird vor gewöhnlichen Erscheinungen und Vorstellungen geschützt, d.h. davor, sich selbst und andere Phänomene in herkömmlicher Weise zu sehen; Sanskrit-Silben, die in Verbindung mit der Praxis einer speziellen Gottheit rezitiert werden und die Qualitäten dieser Gottheit verkörpern.

Mantrayana *siehe* Tantrayana

Meditation Der Prozess, durch den sich ein Praktizierender des spirituellen Pfades immer mehr mit einem Dharma-Thema vertraut macht, Verwirklichungen erlangt und das Selbst transformiert. Es gibt zwei Arten von Meditation: Sammlung und Einsicht. 1) Einsicht: bei Sutra-Übungen benutzen die Meditierenden Schlussfolgerungen und logische Analysen, um die Bedeutung und Gültigkeit einer bestimmten Unterweisung zu erforschen. Bei der tantrischen Praxis werden Visualisierungen benutzt. 2) Sammlung: die Übenden richten sich dann mit einspitziger Konzentration auf die Einsicht, die durch Analyse entstanden ist, oder auf die Visualisierung aus. Dadurch wird die gewonnene Einsicht stabilisiert und vertieft. Hat man die einspitzige Sammlung erlangt, können die Einsichten zur Vollendung gebracht werden.

Meditationsgottheit *siehe* Gottheit

Methode und Weisheit Die Begriffe beziehen sich jeweils auf die Verwirklichungen von Mitgefühl und Leerheit. Sie beinhalten alle Übungen, die zur vollkommenen Erleuchtung führen.

Milarepa Ein tibetischer Yogi, Heiliger und Dichter aus dem elften Jahrhundert. Liebling aller Tibeter.

Nagarjuna Der indische Gelehrte und tantrische Meister, der ungefähr vierhundert Jahre nach dem Paranirwana des Buddha geboren wurde und die Bedeutung der Leerheits-Unterweisungen des Buddha erklärte. Er begründete die Madhyamaka-Schule der buddhistischen Philosophie; zusammen mit Asanga ist er einer der beiden Juwelen des Südlichen Kontinents, die man verehrt, weil sie maßgeblich zur Verbreitung des Mahayana-Buddhismus beitrugen.

Nicht-Dualität Leerheit; Nicht-Selbstexistenz; grundlegende Natur; Ganzheit; die absolute Natur des Selbst und aller Phänomene. Letztlich ist alles leer davon, auf dualistische Weise, aus sich selbst heraus oder wahrhaft zu existieren.

Nicht-Selbstexistenz *siehe* Nicht-Dualität

Niedere Bereiche *siehe* Samsara

Nirmanakaya (skt.) *siehe* drei Kayas

Nirwana *siehe* Befreiung

Pabongka Rinpoche Ein berühmter Meister der Gelug-Schule (1878–1941), der Wurzel-Guru von Lama Yeshes wichtigstem Lehrer.

Paramitayana (skt.) wörtlich: Fahrzeug der Vollkommenheiten. Das Fahrzeug der Bodhisattvas, ein Teil der Sutra-Lehren des Mahayana; der Teil des Mahayana, der nicht zum Tantra gehört.

Prajnaparamita (skt.) wörtlich: Vollendung der Weisheit. Eine der sechs Vollkommenheiten eines Bodhisattva; eine Sammlung von Sutra-Lehren des Buddha, die die Leerheit behandelt.

Prasangika-Madhyamaka (skt.) wörtlich: auf Schlussfolgerungen beruhender Mittelweg. Die höhere der beiden Madhyamaka-Schulen buddhistischer Lehrmeinungen. Sie vertritt, dass weder das Selbst noch andere Phänomene von ihrer eigenen Seite her existieren, weder absolut noch konventionell. Diese Sicht des subtilen Nicht-Selbst wurde von den meisten buddhistischen Traditionen in Tibet übernommen.

Ratnasambhava *siehe* fünf Dhyani Buddhas

Rechte Sicht Einsicht in die Leerheit.

Reinigung Läuterung; das Entfernen oder Hinwegwaschen von negativem Karma und dessen Samen aus dem Geist.

Rinpoche (tib.) wörtlich: Kostbarer. Ein Ehrentitel, der anerkannten reinkarnierten Lamas gewährt wird; eine respektvolle Anrede für den eigenen Guru oder andere Lamas.

Sadhana (skt.) wörtlich: Methode für die Meisterschaft. Abfolge von Meditationen und Gebeten im Zusammenhang mit einer bestimmten Gottheiten-Praxis.

Samadhi (skt.) wörtlich: geistige Stabilisierung. Zustand tiefer meditativer Versenkung, den Yoginis und Yogis erreichen, wenn sie die einsgerichtete Sammlung erlangt haben.

Samantabhadra Ein Bodhisattva, der wegen seiner ausgiebigen Opfergaben bekannt wurde.

Sambhogakaya (skt.) *siehe* drei Kayas

Samsara (skt.) wörtlich: Daseinskreislauf; Umherwandern, Kreisen. Es gibt sechs Bereiche innerhalb von Samsara: die niederen Bereiche der Höllenwesen, Hungergeister und Tiere und die oberen Bereiche der Menschen, Halbgötter und Götter. Der Begriff bezieht sich auch auf den ununterbrochenen Prozess von Tod und Wiedergeburt innerhalb der sechs Bereiche, der durch Karma und Verblendungen verursacht wird.

Sangha Spirituelle Gemeinschaft; das dritte der Drei Juwelen.

Selbstexistenz Dualistische Existenz; inhärente Bestehensweise; wahrhafte Existenz; die Art und Weise, in der das Selbst und alle Phänomene zu existieren scheinen und die die Unwissenheit für richtig hält. Tatsächlich ist aber alles Existierende vollkommen leer von jeglichem Atom von Selbstexistenz.

Shakyamuni Buddha (563–483 v.Chr.) Der vierte der tausend Gründer-Buddhas des gegenwärtigen Weltzeitalters. Er war ein Prinz des Shakya-Stamms in Nordindien, der seinem Königreich entsagte, mit 35 Jahren die Erleuchtung erlangte und dann die Pfade zur Befreiung und Erleuchtung lehrte, bis er im Alter von 80 Jahren verschied.

Shantideva Bedeutender indischer Mahyana-Heiliger aus dem achten Jahrhundert, Autor des einflussreichen Textes *Bodhisattvacharyavatara,* in dessen neuntem Kapitel die Leerheit erklärt wird.

Shunyata (skt.) wörtlich: Leerheit

Sutra (skt.) Die Hinayana- und Paramitayana-Lehrreden des Buddha; die öffentlichen Vorträge; eine Schrift sowie die Lehren und Übungen, die sie enthält.

Sutrayana (skt.) Die Lehren der Hinayana- und Paramitayana-Teile des Pfads zur Erleuchtung.

Tantra (skt.) Die geheimen Lehren des Buddha (*siehe* Tantrayana); eine Schrift sowie die Lehren und Übungen, die sie enthält.

Tantrayana (skt.) Vajrayana; Mantrayana; Geheimes Mantra; der schnelle Pfad; die geheimen Lehren des Buddha; die fortgeschrittenen Stufen auf dem Mahayana-Pfad zur Erleuchtung, die – wenn man sie mit Erfolg praktiziert – in kurzer Zeit zur Erleuchtung führen können.

Vairochana *siehe* fünf Dhyani Buddhas

Vajrasattva-Praxis Eine tantrische Übung, bei der man den Buddha Vajrasattva visualisiert und sein hundertsilbiges Mantra rezitiert, die besonders zur Reinigung von negativem Karma benutzt wird.

Vajrayana *siehe* Tantrayana

Verblendung Jeder Geistes- oder Gefühlszustand, der den geistigen Frieden stört und einen dazu veranlasst, anderen zu schaden und dadurch negatives Karma zu schaffen. Die Hauptverblendungen sind: Unwissenheit, Anhaftung, Wut, Eifersucht und Stolz..

Vier Edle Wahrheiten Das Thema des ersten Lehrvortrags von Buddha Shakyamuni: die Wahrheit vom Leiden, die Wahrheit von der Ursache des Leidens, die Wahrheit von der Beendigung des Leidens und die Wahrheit vom Pfad zur Beendigung des Leidens.

Vier Elemente Erde, Wasser, Feuer und Luft; zusammen mit den Kanälen und der Kundalini werden sie als die sechs besonderen Charakteristiken des menschlichen Körpers bezeichnet. Alle stofflichen Phänomene sind aus den vier Elementen zusammengesetzt.

Vier Tantraklassen Handlungs-, Ausübungs-, Yoga- und Höchstes Yoga-Tantra.

Vier Unermessliche Gedanken Liebe, Mitgefühl, Freude und Gleichmut.

Weisheitswesen In dieser Übung: Die Meditationsgottheit Chenrezig, die am Herzen des Guru vorgestellt wird.

Yidam *siehe* Gottheit

Yoga wörtlich: Joch. Die spirituelle Disziplin, der man sich unterwirft, um die Erleuchtung zu erlangen.

Yogatantra Die dritte der vier Tantraklassen des Buddhismus, in der die Glückseligkeit, die durch Händehalten und Umarmung entsteht, auf dem Pfad zur Erleuchtung genutzt wird.

Yogi (skt.) Ein Praktizierender des Tantra, der Meisterschaft erlangt hat.

Yogini (skt.) Eine Praktizierende des Tantra, die Meisterschaft erlangt hat.

Zentralkanal Der wichtigste unter den Tausenden von Kanälen des feinstofflichen Körpers.

Zuflucht Das tief empfundene Vertrauen, dass Buddha, Dharma und Sangha einem auf dem Pfad zur Erleuchtung anleiten können.

DER DIAMANT VERLAG

ist Mitglied in der Stiftung zur Erhaltung der Mahayana-Tradition (FPMT), einem Zusammenschluss von etwa 120 Meditations–, Studien- und Klausurzentren rund um den Erdball, die unter der Leitung von Lama Thubten Zopa Rinpoche stehen. Falls Sie Interesse an den Lehren von Lama Thubten Yeshe und Lama Thubten Zopa Rinpoche haben, können Sie sich an eines der FPMT-Zentren wenden. Im deutschsprachigen Raum gibt es folgende Zentren:

Aryatara Institut
Barerstr. 70/Rgb.
D-80799 München
www.aryatara.de

Meditationshaus Kushi Ling
Laghel di sopra 19
I-38062 Arco (TN)
www.kushi-ling.com

Weitere Titel aus dem Verlagsprogramm

Alexander Berzin, **Den Alltag meistern wie ein Buddha.**
320 S., € 20

Dalai Lama, **Ein menschlicher Weg zum Weltfrieden.**
24 S., € 6,50

Dalai Lama, **Der Stufenweg zu Klarheit, Güte und Weisheit.**
240 S., € 18

Gen Lamrimpa, Kalachakra, **Die drei Zyklen der Zeit.**
350 S., € 27

Lama Yeshe, **Die Grüne Tara, Weibliche Weisheit.**
212 S., € 17

Lama Yeshe, **Inneres Feuer, Eine Meditationsübung aus den Sechs Yogas von Naropa.** 286 S., € 17

Lama Yeshe, Lama Zopa u.a., **Heilung, Tibetische Lehren und Übungen.** 150.S., € 15

Lama Yeshe, **Vajrasattva, Heilung und Transformation im tibetischen Tantra.** 392 S., € 20

Lama Yeshe, **Wege zur Glückseligkeit, Einführung in Tantra.**
220 S., € 17

Lama Zopa Rinpoche, **Herzensrat eines tibetischen Meisters.**
192 S., € 17

Lama Zopa Rinpoche, **Mitgefühl, Heilkraft für Geist und Körper.** 300 S., € 20

Lama Zopa Rinpoche, **Probleme umwandeln.** 116 S., € 15

Klemens Ludwig (Hrsg.), **Perspektiven für Tibet.**
164 Seiten, € 10

Landaw John, Weber Andy, **Bilder des Erwachens, Tibetische Kunst als innere Erfahrung.**
316 S., 32 Farbabbildungen, 10 Zeichnungen, € 24

Mackenzie, Vicki, **Die Wiedergeburt, Ein tibetischer Lama kehrt zurück.** 240 S., € 12,50

Mackenzie, Vicki, **Im Westen wiedergeboren.** 250 S., € 17

McDonald Kathleen, **Wege zur Meditation, Eine praktische Anleitung.** 256 S., € 17

Pabongka Rinpoche, **Befreiung in unseren Händen, Band 1.** 704 S., € 34

Pabongka Rinpoche, **Befreiung in unseren Händen, Band 2.** 360 S., € 27

Prinz Siddharta, das Leben des Buddha, Jonathan Landaw, mit 62 Farbaquarellen. 150 S., € 23

Wallace Alan, **Von Tibet nach New York.** 232 S., € 18

Auslieferung:
Herold Verlagsauslieferung
Raiffeisenallee 10,
82041 Oberhaching/München